公路工程施工管理与应用探究

刘壮志　著

北京工业大学出版社

图书在版编目（CIP）数据

公路工程施工管理与应用探究 / 刘壮志著 . — 北京：
北京工业大学出版社，2021.4
ISBN 978-7-5639-7952-3

Ⅰ．①公… Ⅱ．①刘… Ⅲ．①道路工程－工程施工
Ⅳ．① U415

中国版本图书馆 CIP 数据核字（2021）第 081855 号

公路工程施工管理与应用探究
GONGLU GONGCHENG SHIGONG GUANLI YU YINGYONG TANJIU

著　　者：	刘壮志
责任编辑：	刘　蕊
封面设计：	知更壹点
出版发行：	北京工业大学出版社
	（北京市朝阳区平乐园 100 号　邮编：100124）
	010-67391722（传真）　bgdcbs@sina.com
经销单位：	全国各地新华书店
承印单位：	北京亚吉飞数码科技有限公司
开　　本：	710 毫米 ×1000 毫米　1/16
印　　张：	12
字　　数：	240 千字
版　　次：	2022 年 7 月第 1 版
印　　次：	2022 年 7 月第 1 次印刷
标准书号：	ISBN 978-7-5639-7952-3
定　　价：	68.00 元

内容简介

　　《公路工程施工管理与应用探究》是一本系统研究公路工程施工管理及其应用的专著。本书以能力为本位，以施工过程为导向，对公路工程施工管理进行了详细而系统的论述。本书在介绍公路工程施工管理内容的基础上，对公路工程施工管理机构的设置进行了详细介绍，并对公路工程施工中的材料管理、合同管理、质量管理、进度管理、成本管理、技术管理、安全管理等内容进行了阐述。同时，本书还针对公路工程施工管理中存在的问题，提出了相应的解决方案。

前　言

公路工程施工管理类课程在传统学科中属于管理类的教学课程，但在实际应用中它是集技术、经济、法律等综合知识为一体的综合类应用技术课程，它旨在培养学生在实际工作中能够运用国家现行的施工规范、规程、定额、技术标准来进行施工准备，编制资源供应计划、施工方案、进度计划，绘制施工平面图，使学生具备现场施工组织、项目管理的综合技术能力。

近年来，随着我国交通运输事业的飞速发展，公路工程施工管理的新技术、新方法不断涌现。工程项目组织与管理方面的高校教材建设取得了一定的成效。但从总体上看，这方面的教材建设仍不能很好地适应高校教育的发展需要，主要表现在：缺乏科学理论支持，缺乏行业支持，缺少对生产实际的调查研究和深入了解，缺乏对职业岗位所需专业知识和专项能力的科学分析，出现体系不明、内容交叉或重复、脱离实际、针对性不强等问题；与相关课程的教材内容缺乏沟通衔接；版本偏老或内容陈旧，不能及时将新法规、新知识、新技术、新装备、新案例引入教材中来。

在此背景下，我们广泛而深入地了解了高校相关专业和课程设置，系统地研究了该类课程的体系结构。本书强调"以就业为导向"，体系结构安排合理，注重知识体系的有序衔接，避开知识的断层和重复。作者既有丰富的施工管理经验，也有多年从事教学的实践经验，在撰写本书的过程中及时跟进社会及行业的最新发展动态，将最新、最权威、最具代表性的成果运用其中，从而避免了所讲知识与社会脱节。本书内容具有"突出行业需求，突出职业的核心能力"的特色。

作者在撰写本书的过程中参考了大量文献资料，在此，向这些文献资料的作者、编者和出版社以及为这本书提出宝贵意见的领导、专家和朋友们致以衷心的感谢！

由于成书仓促和水平有限，书中难免有不足之处，敬请批评指正。

目 录

第一章 概 论

第一节 公路工程施工组织与管理的目标与职能

一、公路工程施工组织与管理的目标

在确保承包合同规定的工期和质量要求的前提下，降低工程成本，使项目利润最大化。

二、公路工程施工组织与管理的职能

（一）计划职能

计划职能即在实施工程项目管理的全过程中，应将全部目标经营活动纳入计划的轨道，用一个动态的计划来协调控制整个项目，使项目有序、协调地达到预期目标。

（二）组织职能

组织职能即通过职权划分、授权、合同的签订与执行，运用各种规章制度等方式，建立一个高效的组织体系，以确保项目目标的实现。

（三）控制职能

控制职能即项目施工要通过计划、决策、实施、反馈、调整来对项目实行有效控制，其控制内容主要包括进度控制、质量控制、成本控制、人机料控制、安全与环境控制、资料控制等。

（四）协调职能

协调职能即施工项目需要在不同阶段、不同部门、不同层次间进行协调与沟通，相互支持。

第二节　公路工程施工组织与管理的主要内容

一、施工管理概述

（一）管理的定义与职能

管理是指在特定的环境条件下，以人为中心，对组织所拥有的资源进行有效的决策、计划、组织、领导、控制，以便达到既定组织目标的过程。

任何一种管理活动都由四个基本要素构成，即管理主体（由谁管）、管理客体（管什么）、组织目的（为何而管）、组织环境或条件（在什么情况下管）。管理一般具有下列四项基本职能。

①计划：确定组织未来发展目标以及实现目标的方式。

②组织：服从计划，并反映着组织计划完成任务的方式。

③领导：运用影响力激励员工以便促进组织目标的实现。

④控制：对员工的活动进行监督，判定组织是否正朝着既定的目标健康地向前发展，并在必要的时候及时采取矫正措施。

管理的过程是由五个环节组成，即提出问题（或确定目标）、筹划（提出解决问题的可能的方案，并对多个可能的方案进行分析）、决策（选择解决问题的方案）、执行（对方案实施）、检查（检查实施的效果并及时修正）。

（二）施工管理

施工管理是施工项目相关方运用系统的观点、理论和科学技术对施工项目进行的计划、组织、监督、控制、协调等全过程的管理。因各方职责、目标、目的不同，施工管理分为业主施工管理、施工方施工管理、监理方施工管理等。本书所指施工管理均指施工方对施工项目进行的计划、组织、监督、控制、协调等全过程的管理。

1. 施工管理的原则

①施工管理一般实行项目制管理，即企业法定代表人在承包的施工项目上委托项目经理作为代理人，由项目经理在企业的支持下组建并领导项目经理部，项目经理部作为施工管理的组织机构，以项目经理为责任主体进行施工管理，并通过进度、质量、安全、成本等核算考核评价施工管理成效。

②施工管理的每一个过程，都应体现计划、实施、检查、处理的持续改进过程。

③施工管理应体现管理的规律，利用制度保证项目管理按规定程序运行。

2. 施工管理的任务

施工管理的任务，包括施工安全管理、施工成本控制、施工进度控制、施工质量控制、施工合同管理、施工信息管理、与施工有关的组织与协调等。

3. 施工管理的一般程序

施工管理的程序应依次为：编制项目管理规划大纲，编制投标书并进行投标，签订施工合同，选定项目经理，项目经理接受企业法定代表人的委托组建项目经理部，企业法定代表人与项目经理签订项目管理目标责任书，项目经理部编制项目管理实施规划，进行项目开工前的准备，施工期间按项目管理实施规划进行管理，在项目竣工验收阶段进行竣工结算、清理各种债权债务、移交资料和工程，进行经济分析，做出项目管理总结报告并送企业管理层有关职能部门，企业管理层组织考核委员会对项目管理工作进行考核评价并兑现项目管理目标责任书中的奖惩承诺。若项目经理部解体，在保修期满前企业管理层应根据工程质量保修书的约定进行项目回访保修。

二、项目管理规划大纲的编制

（一）项目管理规划大纲的编制依据

①招标文件及发包人对招标文件的解释。

②企业管理层对招标文件的分析研究结果。

③工程现场情况。

④发包人提供的信息和资料。

⑤有关市场信息与环境信息。

⑥设计文件、标准、规范与有关规定。

⑦企业法定代表人的投标决策意见。

（二）项目管理规划大纲编制的工作程序

①明确项目目标。

②分析项目环境和条件。

③收集项目的有关资料和信息。

④确定项目管理组织模式、结构和职责。

⑤明确项目管理内容。

⑥编制项目目标计划和资源计划。

⑦汇总整理，报送审批。

（三）项目管理规划大纲的内容

①项目概况。

②项目范围管理规划。

③项目管理目标规划。

④项目管理组织规划。

⑤项目成本管理规划。

⑥项目进度管理规划。

⑦项目质量管理规划。

⑧项目职业健康安全与环境管理规划。

⑨项目采购与资源管理规划。

⑩项目信息管理规划。

⑪项目沟通管理规划。

⑫项目风险管理规划。

⑬项目收尾管理规划。

（四）项目管理实施规划依据的资料

①项目管理规划大纲。

②项目条件和环境分析资料。

③施工合同及相关文件。

④同类项目的相关资料。

（五）项目管理实施规划的编制工作程序

①了解项目相关各方的要求。

②分析项目条件和环境。

③熟悉相关法规和文件。

④组织编制。

⑤履行报批手续。

（六）项目管理实施规划的内容

①工程概况（工程特点、建设地点及环境特征、施工条件、项目管理特点及总体要求）。

②总体工作计划（项目的质量、进度、成本及安全目标，拟投入的最高人数和平均人数，分包计划、劳动力使用计划、材料供应计划和机械设备供应计划，施工程序，项目管理总体安排）。

③组织方案。

④施工方案（施工流向和施工顺序、施工阶段划分、施工方法和施工机械选择、安全施工设计、环境保护内容及方法）。

⑤施工进度计划（施工总进度计划、单位工程施工进度计划）。

⑥施工质量计划。

⑦职业健康安全与环境管理计划。

⑧成本计划。

⑨资源需求计划（劳动力需求计划，主要材料和周转材料需求计划，机械设备需求计划，预制品订货和需求计划，大型工具、器具需求计划）。

⑩项目风险管理计划（风险项目因素识别一览表；风险可能的概率及损失值估计、风险管理要点、风险防范对策、风险责任管理）。

⑪信息管理计划（与项目组织相适应的信息流通系统、信息中心的建立规划、项目管理软件的选择与使用规划、信息管理实施规划）。

⑫项目沟通管理计划。

⑬项目收尾管理计划。

⑭施工平面图（施工平面图说明、施工平面图、施工平面图管理规划）。

⑮项目目标控制措施（保证进度目标，质量目标，安全目标，成本目标，季节施工，环境、文明施工的措施）。

⑯技术经济指标分析（规划的指标、规划指标水平高低的分析和评价、实施难点的对策）。

三、项目管理目标责任书的内容

①项目管理实施目标。

②组织与项目经理部之间的责任、权限和利益分配。

③项目设计、采购、施工、试运行等管理的内容和要求。

④项目需用资源的提供方式和核算办法。

⑤法定代表人向项目经理委托的特殊事项。

⑥项目经理部应承担的风险。

⑦项目管理目标的评价原则、内容和方法。

⑧对项目经理部奖励的依据、标准和办法。

⑨项目经理解职和项目经理部解体的条件及办法。

四、施工管理的策划

施工管理的策划指的是通过调查研究和收集资料，在充分占有信息的基础上，针对施工项目实施中的某个问题，进行组织、管理、经济和技术等方面的科学分析和论证。

施工管理策划的过程是专家知识的组织和集成，以及信息的组织和集成的过程，其实质是知识管理的过程，即通过知识的获取，经过知识的编写、组合和整理，而形成新的知识。

施工管理策划是一个开放性的工作过程，它需整合多方面专家的知识，如组织知识、管理知识、经济知识、技术知识、设计经验、施工经验、项目管理经验、策划经验等。

施工管理策划的基本内容包括以下几个方面：

①项目实施的环境和条件的调查与分析。环境和条件包括自然环境、建设政策环境、建筑市场环境、建设环境（水、电、路、材料等能源、基础设施资源）等。

②项目目标的分析和论证。其主要工作内容包括成本目标的分解和论证、进度目标的分解和论证、质量目标的分析与控制方法等。

③项目实施的组织策划。其主要工作内容包括项目管理的组织结构、任务分工和管理职能分工、项目管理工作流程等。

④项目实施的管理策划。其主要工作内容包括项目实施各阶段项目管理的工作内容、项目风险管理与工程保险方案等。

⑤项目实施的合同策划。其主要工作内容包括：

a. 合同管理体系的设计与组织；

b. 项目管理委托、设计、施工、物资采购的合同结构方案；

c. 合同文本。

⑥项目实施的经济策划。其主要工作内容包括资金需求量计划、融资方案的深化分析等。

⑦项目实施的技术策划。其主要工作内容包括技术方案的深化分析和论证、关键技术的深化分析和论证、技术标准和规范的应用和编制等。

⑧项目实施的风险策划。

五、施工管理过程中常采用的措施

①组织措施：分析由于组织的原因而影响项目目标实现的问题，并采取相应的措施，如调整项目组织结构、任务分工、管理职能分工、工作流程组织和项目管理班子人员等。

②管理措施（包括合同措施）：分析由于管理的原因而影响项目目标实现的问题，并采取相应的措施，如调整进度管理的方法和手段，改变施工管理和强化合同管理等。

③经济措施：分析由于经济的原因而影响项目目标实现的问题，并采取相应的措施，如落实加快工程施工进度所需的资金等。

④技术措施：分析由于技术（包括设计和施工的技术）的原因而影响项目目标实现的问题，并采取相应的措施，如调整设计、改进施工方法和改变施工机具等。

六、风险管理

风险指损失的不确定性，对施工管理而言，施工风险是指施工中可能出现的影响工程项目目标实现的不确定因素。

风险管理是为了达到一个组织的既定目标，而对组织所承担的各种风险进行管理的系统过程，其采取的方法应符合公众利益、人身安全、环境保护以及有关法规的要求。风险管理包括策划、组织、领导、协调和控制等方面的工作。

（一）工程施工过程中的风险类型

①组织风险，如组织结构模式、工作流程组织、任务分工和管理职能分工、承包方管理人员和一般技工的构成及能力、施工机械操作人员的能力和经验、损失控制和安全管理人员的资历和能力等。

②经济与管理风险，如宏观和微观经济情况、工程资金供应的条件、合同风险、现场与公用防火设施的可用性及其数量、事故防范措施和计划、人身安全控制计划、信息安全控制计划等。

③工程环境风险，如自然灾害、岩土地质条件和水文地质条件、气象条件、引起火灾和爆炸的因素等。

④技术风险，如工程勘测资料和有关文件、工程设计文件、工程施工方案、工程物资、工程机械等。

（二）风险管理的工作流程

风险管理过程包括施工全过程的项目风险识别、项目风险评估、项目风险响应和项目风险控制。

（1）项目风险识别

项目风险识别的任务是识别项目施工过程存在的风险，其工作程序包括：

①收集与项目风险有关的信息。

②确定风险因素。

③编制项目风险识别报告。

（2）项目风险评估

项目风险评估包括以下工作：

①利用已有数据资料（主要是类似项目有关风险的历史资料）和相关专业方法分析各种风险因素发生的概率。

②分析各种风险的损失量，包括可能发生的工期损失、费用损失，以及对工程的质量、功能和使用效果等方面的影响。

③根据各种风险发生的概率和损失量，确定各种风险的风险量和风险等级。

（3）项目风险响应

常用的风险对策包括风险规避、减轻、自留、转移及其组合等。对难以控制的风险，向保险公司投保是风险转移的一种措施。项目风险响应指的是针对项目风险的对策进行风险响应。

（4）项目风险控制

在项目施工过程中应收集和分析与风险相关的各种信息，预测可能发生的风险，对其进行监控并提出预警。

第三节　公路工程施工管理机构的设置

一、工程项目的组织机构形式

工程项目的组织机构形式主要有直线制组织机构、职能制组织机构、矩阵制组织机构等。

（一）直线制组织机构

直线制组织机构是一种最简单的组织机构形式。在这种组织机构中，各种职位均按直线垂直排列，项目经理直接进行单线垂直领导。

直线制组织机构的主要优点是结构简单，权力集中，易于统一指挥，隶属关系明确，职责分明，决策迅速。但在直线制组织机构中，由于不设职能部门，领导没有参谋和助手，要求领导者通晓各种业务，成为"全能式"人才。这种组织机构的缺点是无法实现管理工作专业化，不利于项目管理水平的提高。

（二）职能制组织机构

职能制组织机构是在各管理层次之间设置职能部门，各职能部门分别从职能角度对下级执行者进行业务管理。在职能制组织机构中，各级领导不直接指挥下级，而是指挥职能部门。各职能部门可以在上级领导的授权范围内，就其所辖业务范围向下级执行者发布命令和指示。

职能制组织机构的主要优点是强调管理业务的专门化，注意发挥各类专家在项目管理中的作用。职能制组织机构由于管理人员工作单一，因此易于提高工作质量，同时可以减轻领导者的负担。但是，由于这种组织机构没有处理好管理层次和管理部门的关系，形成多头领导，使下级执行者接受多方指令，容易造成职责不清。

（三）矩阵制组织机构

矩阵制组织机构是把按职能划分的部门和按工程项目设立的管理机构，依照矩阵方式有机地结合起来的一种组织机构形式。这种组织机构以工程项目为对象设置，各项目管理机构内的管理人员从各职能部门临时抽调，归项目经理统一管理，待工程完工交付后又回到原职能部门或到另外工程项目的组织机构中工作。

矩阵制组织机构的优点是能根据工程任务的实际情况灵活地组建与之相适应的管理机构，具有较大的机动性和灵活性。它实现集权与分权的最优结合，有利于调动各类人员的工作积极性，使工程项目管理工作顺利地进行。但是矩阵制组织机构经常变动，稳定性差，尤其是业务人员的工作岗位频繁调动。此外，矩阵中的每一个成员都受项目经理和职能部门经理的双重领导，如果处理不当，会造成矛盾，产生扯皮现象。

二、项目部的组建

（一）项目部的组建原则

项目部是企业派驻既定项目进行工程管理的一次性机构。项目部应按照目标一致、精于高效、统一指挥、分工协作、责权利相对应的原则，根据具体情况进行组织，应满足项目生产、技术、质量、安全、物资、机械设备、计划、合同、财务、试验、测量、劳务人员管理和后勤保障等的需要。项目部的人员组成应按"动态优化、精干高效、结构合理"的原则，科学设岗定员，实行全员全过程的劳动优化组合。

对于项目部管理机构的设置，应根据项目规模大小决定下设部门，通常应有办公室、工程部、合同部、财务部、物资设备部、质量安全部、试验室、测量队、地方协调部等。无论设置专业管理部门多少，各项目管理职能都应发挥其作用；并视项目大小，几个职能部门可以集中一个部门管理，也可以一个职能部门下设若干专业业务小组或只设专职管理人员。

对于项目部领导成员的设置，可根据工作需要，设项目经理一人，副项目经理若干人，总工程师一人。

（二）项目部的规章制度

①项目管理人员岗位责任制度。

②项目技术管理制度。

③项目质量管理制度。

④项目安全管理制度。

⑤项目计划、统计与进度管理制度。

⑥项目成本核算制度。

⑦项目材料、机械设备管理制度。

⑧项目现场管理制度。

⑨项目分配与奖励制度。

⑩项目例会及施工日志制度。

⑪项目分包及劳务管理制度。

⑫项目组织协调制度。

⑬项目信息管理制度。

三、项目部人员的岗位职责

（一）项目经理的职责与权限

1. 项目经理的职责

①项目管理目标责任书规定的职责。

②主持编制项目管理实施规划，并对项目目标进行系统管理。

③对资源进行动态管理。

④建立各种专业管理体系，并组织实施。

⑤进行授权范围内的利益分配。

⑥收集工程资料，准备结算资料，参与工程竣工验收。

⑦接受审计，处理项目经理部解体的善后工作。

⑧协助组织进行项目的检查、鉴定和评奖申报工作。

2. 项目经理的权限

①参与项目招标、投标和合同签订。

②参与组建项目经理部。

③主持项目经理部工作。

④决定授权范围内的项目资金的投入和使用。

⑤制订内部计酬办法。

⑥参与选择并使用具有相应资质的分包人。

⑦参与选择物资供应单位。

⑧在授权范围内协调与项目有关的内、外部关系。

⑨法定代表人授予的其他权力。

（二）项目副经理的职责

①在项目经理领导下，搞好施工生产组织和日常管理以及物资管理工作，协调好各工点、各部门之间的工作关系，督促、检查日常施工和管理工作执行情况，并及时向项目经理汇报。

②主持召开生产会议和安全会议，认真检查、总结当月生产完成情况，布置、安排次月生产计划；及时召开安全会议，对事故本着"四不放过"的原则认真进行分析并提出处理意见上报。

③协助项目经理制订内部成本控制办法，严格内部管理，对成本控制方面出现的问题立即制止并提出修改意见。

④参与经理部对外经营、施工生产、内部管理方针、目标的制订以及有关重大问题的决策，提出可靠的信息和建设性意见供项目经理参考。

⑤积极配合项目经理进行项目工程的质量策划，选择合格的分承包方，履行项目工程质量管理职责，参与组织制订质量措施，并检查、督促经理部全体人员贯彻实施。

⑥完成项目经理临时交办的任务。

（三）项目总工程师的职责

①负责组织编制具体措施贯彻国家和行业关于质量管理和质量保证以及工程质量方面的方针、政策、法律、法规、技术标准和技术规范。

②协助项目经理负责项目质量体系的建立、运行、审核、改进等各项工作，负责组织编制项目质量计划，参与讨论形成项目的质量方针和质量目标。

③负责组织编制各部门、各技术人员的质量职责、工作质量标准，并每月对执行职责的情况做出公正评价和考核意见。

④负责组织编制施工过程的质量控制措施、特殊工序的作业指导书，并定期组织进行全线质量大检查，督促质量月报的编报工作，组织编制项目质量创优计划。

⑤熟悉合同文件及施工图设计文件，领会设计意图，参加业主组织的设计交底和图纸会审。

⑥主持编制实施性施工组织设计，制订施工方案、施工工艺、编制施工技术措施和施工计划及保证质量的措施等。

⑦负责向工作技术人员进行书面技术交底，督促、检查施工技术人员进行现场技术交底工作。

⑧负责推广应用新技术、新结构、新工艺，组织项目的技术、质量攻关，做好科技成果的转化工作。

⑨负责编制项目的施工技术总结，主持交（竣）工技术文件的编制工作，参加交（竣）工验收事宜。

（四）工程部部长的职责

①在项目经理领导下，执行党和国家的方针、政策和上级指示决定。

②组织编制施工组织设计，确定和审定各施工队的施工方案和技术措施，及时组织处理施工中出现的重大技术问题。

③督促检查施工进度、质量和技术安全工作，搞好工程的竣工验收工作。

④编制工程项目施工工艺规程，编写施工总结。

⑤组织施工图纸的会审、检查和进行施工放样，组织编制施工图。

⑥管理测量仪器设备，督促做好技术资料的归档。

⑦完成领导安排的技术培训工作，组织施工人员学习设计文件、施工图、技术规范。加强工程管理，合理安排工程计划及措施。

⑧负责贯彻执行招投标文件的有关要求及施工规范和安全操作规程，进行技术交底，深入施工现场，处理施工过程中的各类技术问题，组织中间检查与

参加业主组织的竣工验收。

⑨负责新技术、新工艺的推广和应用工作。

⑩完成领导安排的其他工作。

（五）专业工程师的职责

①服从分工，对所承担的工程项目履行工程师职责，对所管工程的质量承担管理责任。

②熟悉合同文件、技术规范、设计图纸，在施工过程中对质量、进度进行全面控制，施工中出现的问题要按规范要求提出处理意见，对不能解决的问题要及时汇报，请求项目总工程师、项目经理处理。

③负责编制本专业工程管理工作实施细则。组织、指导现场施工员进行施工管理，填写施工日记并进行检查和监督。

④审核施工队的施工计划、方案、施工组织设计及变动设计的建议并报项目总工程师审查。对经批准后的施工计划、方案、施工组织设计督促其贯彻、实施。

⑤负责所管项目，向施工队提供测量资料、设计图纸并进行交桩和技术标准、关键工艺、注意事项等交底；监督放样，校核平面位置及高程；监督操作工艺，组织中间抽检及分部、分项的承包人验收；对关键工序和隐蔽工程督促施工员做好记录。

⑥配合计量工程师做好计量及支付工作。

⑦对于所管工程，若发现施工队违反合同及技术规范，经劝阻和制止仍不改正，有权暂令其停止工作，并向项目经理、项目总工程师报告。

⑧填写工程日记和各种施工记录，负责工程质检资料、验收资料、施工图表、竣工资料的收集、整理和汇总。

⑨监督施工队遵守安全操作规程，有权制止违反安全操作的行为。

⑩经常对施工队的质量意识及其质量保证组织、物质手段、质量标准等进行检查。

⑪完成领导安排的其他工作。

（六）测量工程师的职责

①熟悉掌握导线点、水准点、路线及桥轴线桩位并随时进行校对。组织各标段间的贯通测量。组织全标段的导线点、水准点复测。监督施工队保护控制桩。

②监督施工队的地面校核，复核施工队的测量成果。协同其他专业工程师

校核路基、结构物放样，参与以上工程位置、高程、尺寸是否符合设计的验收工作，发现问题及时处理、汇报。

③保管好测量仪器并经常校核。督促施工队对仪器进行校核，保证使用精度。

④整理、保管测量原始资料和成果。

（七）道路工程师的职责

①对主线、匝道、连接线的路基土石方工程，以及上下边坡防护工程、排水工程等工程的管理事务及相关的检查、审核应提出意见、建议并按"专业工程师职责"履行其职责。

②负责对进场便道、作业便道、借土、弃土方案进行审核，对以上工程临时用地提出审核意见并报项目经理。

③督促和指导现场旁站员及质检员进行常规压实度及操作监督；对所管工程的质量检验标准进行检查，发现问题及时处理、汇报。

④监督和检查施工队按规定清理好场地；排干场地积水；对不良地层和软基进行处理、观测；开辟作业道路，保持现场机具装备完整完好；进行现场抽检试验。完成上述工作并经检验合格报监理工程师申请开工。

⑤按照技术规范认真做好施工队首件工程方案的审查、施工检测及总结工作。

⑥负责管理线外工程的施工。

（八）结构工程师的职责

①对凡属桥涵结构物的管理事务及相关的检查、审核提出意见、建议，并按"专业工程师职责"履行其职责。

②对施工队的施工计划、施工网络图、施工方案与措施，以及临时工程设计、吊装设计、支架及其施工图提出意见报项目总工程师审批。

③根据地质变化情况及时提出地基加固处理意见上报项目总工程师，负责提供工程各部分的中间检查验收资料。

④经常检查和校对结构物各部尺寸、高程，督促和指导现场旁站员、质检员进行砂浆、混凝土、钢筋及电焊的常规检验和放样；砌石、混凝土、预应力的工艺操作监督。对所管工程的质量检验报表进行复核，发现问题及时处理和汇报。

⑤对水下、高空、吊装作业安全进行监督，对违章操作者有权进行制止。

⑥监督施工队按规范要求做好桥涵及结构物的回填及压实，特别是桥涵特殊回填区的压实。

（九）现场施工员的职责

①必须熟悉合同文件、所管项目的技术规范和设计图纸，掌握工艺操作、施工基本要求及工程质量检验标准。

②对所管工程实行现场旁站监督检查。要坚守岗位，对每一工序、每一工程施工的全过程进行监督，促使施工人员遵守操作规程，保证质量，杜绝弄虚作假，防止出现质量缺陷，确保工程符合图纸和规范要求。对所管工程的工艺、操作负现场监督责任。

③配合质检人员做好常规压实度、砂浆及混凝土取样检验，砂石料取样检验。

④写好工程日记和记录，发现现场执行情况与设计图纸、技术规范不符，应及时劝阻制止，情节严重者可令其暂时停工，并立即报请专业工程师及项目总工程师处理，做好工程量变化记录。

⑤参与放样、测量、收方、中间交工检查、竣工验收工作。核实施工队提交的工程量计算表。

⑥负责计日工记录并当日报专业工程师认可。

⑦对施工队进入工地的材料进行签订、监督并取样交试验专业工程师检验，发现不合格材料拒绝使用，已进场的不得使用，已使用者坚决令其拆除。

⑧有权同意或不同意施工队提出的质量验收申请。

⑨执行项目总工程师或主管专业工程师的指示和交办的其他工作。

（十）质检员的职责

①在项目总工程师、各专业工程师及试验工程师指导下，配合现场旁站员对工程施工和使用材料进行常规试验和检验。

②熟悉技术规范和有关检验要求；熟悉并掌握试验方法，随时校正试验仪表，保证试验精度。

③坚守岗位，密切配合现场施工员和现场旁站员的工作，保证按规定对每一层次、工序不漏检，并配合施工进度不影响施工。

④对各试验和检验成果，填写质检记录和检验单，签字后报经试验专业工程师和主管项目的专业工程师审查后报项目部统一上报监理工程师。

⑤凡经检验不合格的工程，应及时报告现场旁站员和主管专业工程师以便采取措施。

⑥质检员及试验专业工程师有权视施工队实际工程质量情况，对工作的任何部位，临时指定抽样并适当增减上述抽样频率，或其中一部分改由施工队质检人员共同进行。

（十一）合同部部长的职责

①审核各施工队的月计量支付报表、分项工程竣工计量支付报表及全部工程计量支付报表。经项目经理签发后上报监理工程师签认。

②负责管理各种质量保证资料，主要是各种图表、技术资料、来往文件、书信的收集、上报、整理、汇总、归档。

③组织各施工处相关人员，完成竣工资料的编制。

④负责传达省、市高指的有关通知、监理工程师指令。

⑤参与复核各施工队所报的资料，经项目总工程师审核，项目经理签发后，报监理工程师签认。

⑥参与对工程实施性月度计划的编制，参与对工程变更、单价调整、索赔的检查。

（十二）计量工程师的职责

①参与各工程的收方、丈量，核实工程量，汇集各种质检资料。审核施工队的月计量支付报表、分项工程竣工计量支付报表及全部工程计量支付报表，经项目经理签认后上报。

②对质量不合格或质检资料不全，或签证手续不完备，或计量工作中弄虚作假的工程拒绝计量和支付。

③承担内业主办的职责，负责图表及技术资料、来往文件、书信、图表、测绘（办公）用品的管理工作，负责上报资料、报表、竣工图纸的汇总和整理工作。

④参与对竣工计划、工程调整、单价调整、索赔、罚款的检查。

（十三）资料员的职责

①负责各种施工技术资料的收集、整理、申报、编号、归档和保管工作。

②负责传达并落实上级部门下发的与工程有关的指令。

③为各施工队提供优质的咨询服务和技术指导。

④复核各施工队所报的资料，经项目总工程师审核，项目经理签发后，报监理工程师签认。

⑤负责传达监理工程师的指令。

⑥组织各施工队相关人员完成竣工资料的编制。

（十四）财务部部长的职责

①贯彻执行党的路线、方针、政策，严格按照《中华人民共和国会计法》（以下简称《会计法》），做好各项财务收支的计划、控制、核算、分析和考核工作，依法合理筹集资金，有效利用各项资产，努力提高经济效益。

②认真编排月、季、年度施工支出计划，合理安排资金。

③按《会计法》规定记账、算账、报账，做到手续齐全，内容真实，数据准确，按时结报。

④按照银行有关规定，做好银行结算工作，做到日清月结。

⑤加强资金管理，现金银行业务必须做到日清月结，账款相符。库存现金不得超过规定限额，超过现金支出范围的所有支出，一律通过银行办理转账结算。

⑥妥善保管会计凭证、账册、报表、票据及有关的档案资料。

⑦遵守、宣传、维护国家财务制度和财经纪律。

（十五）安全部部长的职责

①在项目部的领导下，贯彻执行政府和上级主管机关关于安全生产、劳动保护的方针、政策、指示、决定。

②组织编制工程安全管理制度和安全生产计划，参与审查施工组织设计、施工方案，提出保障工程安全的措施和建议。组织开展施工安全教育，定期或不定期进行安全检查，负责组织工伤、肇事、工程事故的登记、调查、分析、处理和上报工作，协助事故发生单位落实事故防范措施，抓好机动车辆、机械、设备的安全管理工作。

③贯彻执行有关工程机械、设备管理的指示、决定和各项规章制度，负责管理机械设备台账，及时掌握各施工队机械设备的异常情况，搞好调配工作，提高机械设备的利用率。

（十六）安全员的职责

①在项目经理部指导下，负责本标段的安全、消防、保卫工作。

②坚持开展安全日活动，及时布置活动的各项制度，并定期或不定期检查各项制度的执行情况。

③参与制订和修改本标段安全教育、安全活动的各项制度，并定期或不定期检查各项制度执行情况。

④负责对各施工队安全员进行业务指导，组织安全生产劳动竞赛，定期进

行安全、消防、保卫的总结评比。

⑤负责施工现场的安全指导工作及各类人员的业务指导和培训工作，负责对全标段职工进行安全教育。

⑥检查中发现隐患时应迅速向有关领导和安全部门汇报，并采取有效的防范措施。

⑦参加案件事故的调查处理、统计、分析、上报和资料的整理归档工作。

⑧完成领导分配的其他工作。

（十七）综合部部长的职责

①在项目经理部的领导下，为项目部全体工作人员做好衣、食、住、行等服务性工作。

②热情做好接待工作，使客人高兴而来，满意而归。

③严格内部管理，建立健全各项制度，做到各项工作能严谨而有序地进行。

④及时做好上情下传、下情上达的工作，确保政令畅通。

⑤做好本部文件的收发登记、传阅、督办、归档工作。

⑥按照党的优良传统，与地方各级组织搞好关系，自觉遵守群众纪律，注意尊重地方风俗习惯，虚心向地方人民群众学习。

（十八）试验室主任的职责

①在项目部的领导下，负责对工程使用的水泥、砂、石、钢材等重要原材料进行检验，严格控制用于工程的原材料质量，防止不合格原材料用于工程，保证工程质量。

②负责对结构施工的混凝土施工工序进行质量控制，监督督促施工队严格按配合比施工，明解计量原材料用量，保证所浇筑混凝土的质量。

③负责对路基施工的压实工序进行质量控制，保证各压实区能达到规范要求的压实度，从而保证路基施工质量。

④负责对各种试验数据进行整理、分类、归档，确保工程第一手数据真实、准确，能真实反映工程质量情况，为正确评价工程质量提供数据，同时也为以后的类似工程施工提供参考数据。

⑤负责保养、维护好各种试验仪器及设备，使各种设备处于正常状态，能良好地运作，随时可投入使用，不因仪器原因而影响试验结果。

⑥服从项目部领导，积极配合其他部门，共同致力于提高工程质量。

（十九）试验员的职责

①严格遵守各项规章制度，服从试验室主任的工作安排。

②严格按照国家和主管部门颁布的试验规程进行试验操作。按时完成任务，并对试验数据负全面责任。

③团结协作，刻苦钻研业务，提高自身的业务水平。

④试验要有始有终，试验完成后要将试验场地收拾干净，仪器擦洗干净，东西摆放整齐。

⑤严格遵守安全操作规程，不得乱接电线，不留隐患，发现安全问题及时报告并采取措施。

⑥正确使用各种仪器设备，仪器设备不得超检定周期工作，发现异常应及时报告。

⑦认真填写原始记录，严禁弄虚作假。

⑧爱护公物，不得擅自外借试验仪器或承接试验任务。

第二章　公路工程施工材料管理

第一节　公路工程施工材料管理的主要任务

施工单位生存的根本是利润，利润的基础是成本。目前建筑市场的竞争非常激烈，施工单位为了提高中标率，往往一味满足招标文件的要求，结果往往出现低价中标现象。然而，随着国家对工程管理要求的不断提高以及对工程施工质量和安全文明施工提出越来越高的要求，工程成本中的人工费不断上涨。施工单位如何进行成本管理就显得尤为重要。在一般工程中，建筑材料的费用约占工程成本的 60%，材料管理对降低工程成本非常重要。

公路工程施工项目的材料管理是指公路工程施工企业以最低的材料成本，保质、保量、及时、配套地供应施工生产所需材料，并监督和促进材料合理使用，保证公路工程施工活动的顺利进行。

一、材料管理的内容

材料管理的内容涉及两个领域、三个方面和八个业务。两个领域是材料流通领域和生产领域；三个方面是材料的供应、管理和使用；八个业务是指材料计划、组织货源、运输供应、验收保管、现场材料管理、工程耗材核销、材料核算和统计分析。材料管理的具体内容是材料的计划管理、材料的采购管理、材料供应管理、材料运输及储备管理和材料核算管理。

二、材料管理的任务

材料管理，既要保证生产的需要，又要采取有效措施降低材料的消耗，加速资金的周转，提高经济效果，其目的就是要用少量的资金取得最大的效果。具体要做到：

①提高计划管理质量，保证材料供应。
②提高管理水平，保证工程进度。

③加强施工现场材料管理，坚持定额用料。

④严格经济核算，降低成本，提高效益。

根据上述材料管理工作的任务，材料管理人员应达到"一熟悉、三懂、四能"的要求。

一熟悉：熟悉所管理材料的品种、规格、性能、价格、产地、厂家等材料市场信息。

三懂：要懂材料生产、储运、检验、管理和使用的基本常识；要懂材料定额的编制原理和方法；要懂公路项目的施工工艺和方法。

四能：能进行材料预算和材料计划的编制；能进行材料的统计分析和材料成本的核算、分析和控制；能进行材料定额的编制、分析和修订；能胜任材料供应管理全过程的日常业务工作。

材料管理人员包括与材料有关的各类专业管理人员，如材料预算员、计划员、保管员、采购员、统计核算员等，根据业务分工的需要，上述"一熟悉、三懂、四能"的要求可以有所侧重。

三、材料管理的意义

施工生产的过程，同时也是材料消耗的过程，材料是生产要素中价值量最大的组成要素。因此，加强材料的管理是生产的客观要求。施工生产的技术经济特点，使得施工企业的材料供应管理工作具有一定的特殊性和复杂性，这表现为材料供应的多样性、多变性和材料消耗的不均匀性带来季节性储备和供应问题，并且材料供应还要受运输方式和运输环节的影响与牵制。

加强材料管理是改善企业各项技术经济指标和提高经济效益的重要环节。材料管理水平的高低，会通过工作量、劳动生产率、工程质量、工程成本、流动资金占用率和流动资金周转速度等各项指标来体现，直接影响企业的经济效果。因此，材料管理工作直接影响企业在生产、技术、财务、劳动、运输等方面的活动，对企业完成生产任务、满足社会需要和增加利润起着重要作用。

第二节　公路工程施工材料管理的主要内容

一、公路工程施工材料计划管理

材料计划在广义上是指在材料流通过程中所编制的各种宏观和微观计划的总称。具体地说，材料计划是指从查明材料的需要和资源开始，经过对材料的供需综合平衡所编制的各种计划。

材料的计划管理，就是运用计划手段组织、指导、监督、调节材料的采购、供应、储备和使用，是企业组织施工生产的必要保证条件，是企业全面计划管理的重要组成部分，也是企业保证供应、降低成本、减少浪费、加速资金周转的主要因素。其中，材料需用量计划是编制材料供应计划的基础。材料需用量计划的准确与否，决定了材料供应计划保证供应的程度。

（一）材料计划的分类

由于建筑工程建设周期长，施工工序复杂、多变，材料的多样性和大量性，施工单位不可能也不必要把一个项目甚至多个项目所需的材料一次备齐，因此施工单位在做好每个项目的总需用量计划外，还必须按施工工序、施工内容做年度、季度、月度甚至旬度计划，只有这样才能以最少的资金投入，保证材料及时、准确、合理地供应和使用，满足工程的需求。

①材料计划按计划用途分为材料需用量计划、材料申报计划、材料采购计划、材料加工订货计划、材料供应计划和材料储备计划等。

②材料计划按计划的周期分为材料年度计划、材料季度计划、材料月度计划、一次性用料计划及临时追加计划等。

③材料计划按材料使用的部位分为基础用料计划、主体用料计划、装饰用料计划、安装用料计划等。

（二）材料计划的编制原则和要求

①依据施工生产的实际情况认真严肃地编制，做到经济合理，切实可行。

②坚持"勤俭节约，先利用库存，后订货、采购"的原则。

③各部门对计划严格审核。

（三）材料计划的编制依据

建筑工程材料需求计划的编制依据包括工程施工图纸、工程预算文件、工程合同、项目投标书中的材料汇总表、施工组织设计、用款计划、当期物资市场采购价格等。

（四）材料计划管理的内容

1. 材料需用量计划

材料需用量计划是指完成计划期内工程任务所必需的物资用量。项目开工前，项目工程部依据施工组织设计编制年、月施工材料需要计划，制定材料技术标准、质量要求并形成文件，经项目总工审核、项目经理批准后上报公司物资部。材料需用量计划是材料供应计划、材料采购计划的基础。

2. 材料供应计划

材料供应计划是企业物资部门根据材料需要计划而编制的计划，也是进行材料供应的依据。材料供应计划按保证时间分为年度、季度和月度供应计划。

$$物资供应量 = 需要量 - 库存量 + 储备量$$

3. 材料采购计划

材料采购计划是物资部门根据批准的材料供应计划分期分批编制的计划，它是采购人员采购材料的依据，也是保证材料供应的主要措施。

公司物资部将各项目经理部上报的施工材料需要计划进行汇总平衡，分别向各采购单位下达"施工材料采购授权书"。项目材料办依据施工材料需要计划编制施工材料采购计划，上报公司物资部。

4. 材料用款计划

材料用款计划是为了尽可能少地占用资金、合理使用有限的备料资金而编制的材料用款计划，资金是材料物资供应的保证。对施工企业来说，备料资金是有限的，如何合理地使用有限资金，既保证施工的材料供应又少占资金，应是企业材料部门努力追求的目标。根据采购计划编制材料用款计划，把备料控制在资金能承受的范围内，使急用先备，快用多备，迅速周转，是编制物资用款计划的主要思路。

5. 材料计划的调整

施工生产任务的增减或变更设计，相应地会导致材料需用量的增减以及品种规格的变化，材料部门应根据变更后的材料需用量计划及时编制材料调整计划。材料计划的及时性是材料部门保证供应，降低进料成本的先决条件。

6.材料计划的执行与检查

材料计划确定后必须严格执行，不得任意变更，要定期检查分析执行情况，解决存在的问题。检查的重点包括订货、到货及合同履行情况，计划用量与实际用量对比情况，材料消耗定额与储备定额的执行情况，以及计划对生产任务的保证情况等。

（五）材料计划管理的任务

材料计划管理的任务主要包括：

①根据建筑施工生产经营对材料的需求，核实材料用量，了解企业内外资源情况，做好综合平衡，正确编制材料计划，保证按期、按质、按量、配套组织供应。

②贯彻节约原则，有效利用材料资源，减少库存积压和各种浪费现象，组织合理运输，加速材料周转，发挥现有材料的经济利益。

③经常监察材料计划的执行情况，及时采取措施调整计划，发挥计划的组织、调节作用。

④了解核实实际供应和消耗情况，积累定额资料，总结经验教训，不断提高材料计划管理水平。

在编制和执行材料计划管理的过程中，要注意以下几点：

①认真编制各项材料计划，保持材料计划的准确性。

②对建筑施工、材料供应工作的复杂性，应有足够的认识。

③保持材料计划的严肃性。

二、公路工程施工材料采购管理

公路工程施工材料采购管理是指为了达成施工计划，从适当的供应商那里，在确保质量的前提下，在适当的时间，以适当的价格购入适当数量的商品所采取的一系列管理活动。

（一）材料采购管理的任务

材料采购管理的任务，概括起来就是保证供应，降低采购成本。具体要做到：

①按照企业材料供应计划，结合施工生产的要求，适时、合理、齐备地采购各种材料，保证施工生产的需要。既要保证供应，防止脱节，又要减少库存，防止积压。

②采购材料的规格、性能、质量，要符合设计及工艺要求。既要保证质量，又不能高于或低于设计要求。

③择优选购，实行"三比"，即比质量、比价格、比运费，以最优价格，买到符合要求的材料，以降低材料成本。

④就近采购，合理运输，力求缩短采购时间及运输距离，以节约流通费用。

⑤掌握市场信息，广辟货源，多开渠道，不断发现和慎重选择新材料和代用材料以保证供应。

⑥做好供货合同的签订，加强提货验收及货款结算等业务工作，保证内外各环节协调一致，顺利完成采购任务。

（二）材料采购管理的原则

采购时如何做到货比三家、物美价廉，是直接关系到企业的产量、质量、成本、资金和交货期等方面的问题。

1. 采用信息管理技术和手段拟定采购方案

企业应建立能采集所有有关信息处理源的高效网络和相应服务机构，使企业可及时获得物流信息，并根据所获信息和企业相应策略制度拟定采购方案。此类技术的应用将会给企业带来很大的效益。

2. 采用价值分析管理技术谋求功能和成本的最佳组合

价值分析管理技术在材料采购工作中的应用称为采购原理。企业必须对材料管理的功能和成本进行分析和研究，以谋求功能和成本的最佳组合。价格和费用的高低是企业选择供货单位的一个重要标准。价格和费用的高低决定着材料的采购成本，对企业经济效益有着一定的影响，但是价格和费用不是企业选择供货单位的唯一标准。例如，产品质量低劣、交货迟缓，也会影响生产任务的完成。具体方法如下：

①对材料提出具体功能要求，并分析每项材料是否绝对必要，对于无用、重复、过剩功能可以取消。

②在保证必要功能和技术要求允许的前提下，可建议有关部门选用资源充裕、价格便宜的材料代用。

③了解市场有无新品种材料可采用，以降低成本。

④分析用料品种、规格、能否简化，特殊规格的能否改用通用件或标准件。

⑤充分了解有无价格更优惠的供货厂商。

⑥分析材料的功能成本是否相当，即选择能够保证材料质量的供货单位。

质量是企业的命脉，但并不是说，材料的质量越高越好。根据价值工程原理，质量只要符合产品的功能要求即可。

3. 及时进行采购绩效评价

采购绩效评价是指建立一定的评价指标体系，用以全面反映和检查采购部门的工作效率、效益。其原则和方法是：每个企业应根据本企业特点，编制评价指标体系；计算口径指标应尽量细化；进行绩效评价所花费的费用应与其所能取得的效益相当；原始数据必须可靠；已采用的采购绩效指标应随情况变更而调整。以上几方面的内容就是在现代企业中进行材料管理的原则和方法。

4. 加强物资采购管理，努力降低采购成本

物资采购是材料管理的第一关，也是材料管理的重要环节之一。物资采购管理要从材料计划、采购、验收、发放等每一个环节入手。首先，采购前要编制详细的物资采购计划，要根据生产的实际情况采购材料，认真核实库存，力求准确、合理，做到不积压、不浪费，严禁无计划采购。物资采购要坚持统一计划、统一采购的原则，避免多家采购。采购中要做到货比三家，力争质优价廉，严禁采购质次价高的物资。其次，要严把物资的验收入库和发放关，努力降低采购成本，减少材料费支出。

（三）材料采购管理的工作内容

材料采购管理的工作内容包括确定施工材料采购计划及材料采购批量。材料采购计划是工程项目部根据所编制主要材料、大宗材料计划、市场供应信息等，由施工单位物资部门做出的订货或采购计划。在进行材料采购时，要选择合理的材料采购方案，即采购周期、批量、库存量满足使用要求，并且采购费和储存费之和最低的方案。在进行材料采购时，应根据工程进度和材料保质期确定不同材料的采购周期。

施工材料采购对建设工程的成本控制和进度控制极其重要，在材料采购计划的编制、材料采购市场的调研、材料采购价格的控制、材料采购模式的确定、材料供应合同的签订以及材料的进场检验等方面，施工单位应注意做好以下工作。

1. 材料采购计划的编制

企业或项目部应依据项目合同、设计文件、项目管理实施规划和有关采购管理制度编制采购计划。采购计划，包括采购工作范围、内容及管理要求。采

购信息包括：产品或服务的数量、技术标准和质量要求；检验方式和标准；供应方资质审查要求；采购控制目标及措施。

2. **材料采购市场的调研**

①审核查验材料生产经营单位的各类生产经营手续是否完备齐全。

②实地考察企业的生产规模、诚信观念、销售业绩、售后服务等情况。

③重点考察企业的质量控制体系是否具有国家及行业的产品质量认证，以及材料质量在同类产品中的地位。

④从建筑业界同行中了解、获得更准确、更细致、更全面的信息。

⑤组织对采购报价进行有关技术和商务的综合评审，并编制选择、评审和重新评审的准则。

3. **材料采购价格的控制**

企业应通过市场调研或者咨询机构，了解材料的市场价格，在保证质量的前提下，货比三家，选择采购价格较低的材料。企业应对材料采购时的运费进行控制，要合理地组织运输，进行价格比较时要把运输费用考虑在内。在材料价格相同时，应就近购料，选用最经济的运输方法，以降低运输成本。要合理地确定进货的批次和批量，还要考虑资金的时间价值，确定经济批量。

企业还应充分考虑材料的购买数量。对于不能实现随需购买的材料，应进行分批采购，计划储存；对于能够实现零星购买的材料，可以不必批量购买，从而减少存储开支。因此企业应尽量对材料的数量和采购方式进行合理规划，使经济效益达到最优，从而降低材料使用成本。

4. **材料采购模式的确定**

目前施工材料采购有三种模式：一是集中采购模式；二是分散采购模式；三是部分集中采购模式。合理的采购模式在材料价格控制、材料质量控制以及材料运输费用控制方面起到很大作用。建设施工单位自己采购，其采购批量小，管理不方便。而采用集中采购模式，由于采购数量的增加，使采购、储备、配送过程的管理更加方便，使采购成本相对降低。

企业在工程施工过程中，应根据采购物资的特性，建立多元化的采购模式。对于涉及全局性、战略性的物资，应采用战略伙伴的采购模式，这样可以降低采购风险，缩短采购周期；对于种类繁多、价格多样的材料，应采用竞标采购模式，这样既能保证所采购材料在质量上的优势，又能保证材料在价格上的优势，同时还能使采购行为更加规范化；在长期使用过程中建立良好质量口碑的供应商，可以采用定向采购的模式，确立定点采购单位，减少中间环节的不必要消耗，但应定期更新直供单位，以做到优胜劣汰。采用什么模式应根据项目的特殊性、地理位置以及项目所在地的建材市场状况来综合考虑决定。

5. 材料供应合同的签订

①详细说明材料名称、规格、质量、数量、供货起止日期、供货方式、供货地点。

②明确材料供应的价格、料款的支付方式及结算办法。

③明确双方应提供的条件、承担的义务和经济责任。

④明确终止合同及违约的处理办法。

⑤明确执行合同的奖罚规定。

⑥对未尽事宜注明商定办法。

⑦合同一式两份，双方负责人签字和加盖公章。

6. 材料的进场检验

建筑材料验收入库时必须向供应商索要国家规定的有关质量合格及生产许可证明。项目采用的设备、材料应经检验合格，并符合设计及相应现行标准要求。材料检验单位必须具备相应的检测条件和能力，经省级以上质量技术监督部门或者其授权的部门考核合格后，方可承担检验工作。采购产品在检验、运输、移交和保管等过程中，应按照职业健康安全和环境管理要求，避免对职业健康、环境造成影响。

三、公路工程施工项目材料合同管理

（一）合同的主要条款

①产品的名称，应注明牌号或商标、品种、型号、规格。

②产品的技术标准（包括质量要求）。

③产品的数量和计量单位。

④产品的包装标准和包装物的供应与回收办法。

⑤产品的交货单位、交货办法、运输方式、到货地点。

⑥接（提）货单位或提（接）货人。

⑦交（提）货限期。

⑧验收方法。

⑨产品价格。

⑩结算方式、开户银行、账户名称、账号、结算单位。

⑪违约责任、违约金比例的确定。

⑫双方联系人、通信地址、电话号码、邮政编码。

⑬双方协商同意的其他事项。

（二）合同签订时的注意事项

①签订合同时，对合同的基本内容的填写，必须达到明确、具体、详细，文字词句要肯定、明确、清楚。

②对合同的主要条款应以严谨认真的态度，进行研究、分析和推敲，经协商同意逐字逐句落实，详细填写。

③谈判和签订合同原则上应有不少于两人参加，重要合同应实行多级把关。

④与个体经营者、农民、专业户等签订供货合同，最好事先向当地政府或信用社有关部门调查了解，取得当地政府或有关部门的担保，或通过当地工商行政管理部门公证。

⑤不与无营业执照或经营产品与营业执照不对口的单位或个人签订订货合同。

（三）合同签订后的管理

①对所签订的合同要连同订货清单进行分类整理，装订成册。

②建立合同执行情况台账，记录收货时间、到货数量、质量等情况，以便进行监督检查。

③根据合同规定到货期限，及时催促供方按数、按质、按时发货。

④接受财务部门监督和检查。

四、公路工程施工项目材料供应管理

材料供应管理，是材料管理的重要组成部分，是施工单位生产经营的重要内容之一，没有良好的材料供应，就不可能形成有实力的工程施工单位。随着工程施工技术的发展，施工单位所需材料的数量更大、品种更多、规格更复杂、性能指标要求更高，再加上资源渠道不断扩大、市场价格波动频繁、资金限制等诸多因素影响，施工单位对材料供应管理工作的要求也在不断提高。因此，搞好材料供应过程的管理是很有意义的。

材料供应管理就是按时、保质、保量地为施工生产提供材料的经济管理活动。材料供应管理应遵守有利于生产、方便施工的原则，统筹兼顾、综合平衡的原则和合理组织资源、提高配套供应能力的原则。具体工作是编制切实可行的材料供应计划，选择合理的材料供应方式，做好材料供应组织平衡调度，并且跟踪检查材料供应效果。

目前我国材料供应方式根据材料管理方式和供应环节的不同有以下几种分类。按照材料流通工程项目过程经过的环节不同，材料供应方式有直达供应方式和中转供应方式两种；按照供应单位在建筑施工中的地位不同，材料供应方式分为甲方供应方式、乙方供应方式和联合供应方式三种；按照材料供应中对数量的管理方法不同，材料供应方式有限额供应方式和敞开供应方式两种；按照材料供应中实物到达方式不同，材料供应方式分为领料方式和送料方式两种。不同的材料供应方式对施工单位材料储备、使用和资金占用有着一定的影响，可供选择的具体办法如下：

1. 根据材料需用单位的生产规模

一般来讲生产规模大，需用同一种材料的数量也大，对于这种材料适宜采用直达供应方式；相反，生产规模小，需用同一种材料数量相对也较少，对于这类材料适宜采用中转供应方式。

2. 根据材料需用单位的生产特点

生产的阶段性和周期性变化往往产生阶段性的材料需用量变化，因此可分阶段采用直达供应和中转供应方式。

3. 根据材料的特性

专用材料一般使用范围狭窄，以直达供应方式为宜；通用材料使用范围广，当需用量不大时，以中转供应方式为宜；体大笨重的材料，如钢材水泥、木材、煤炭等，以直达供应方式为宜，不宜多次装卸、搬运。储存条件要求较高的材料，如玻璃、化工材料等，宜采用直达供应方式；品种规格多，而同一规格的需求量又不大的材料，如辅助材料、工具等宜采用中转供应方式。

4. 根据材料的运输条件

运输条件的好坏直接关系到材料的流通时间和流通费用。铁路运输中的零担运费比汽车运费高、运送时间长。因此，一次发货不够整车批量时一般不宜采用直达供应方式，而应采用中转供应方式；需用单位离铁路线较近或有铁路专用线和装卸机械设备等，宜采用直达供应方式；需用单位如果远离铁路线，不同运输方式的联运业务又未广泛推行的情况下，则宜采用中转供应方式。

5. 根据材料供销机构的分布情况

处于流通领域的材料供销网点，如果分布比较广泛和健全，离需用单位较近，库存材料的品种、规格比较齐全，能满足需用单位的需求，服务比较周到，中转供应比重就会增加。

6.根据材料生产单位的订货限额和发货限额

订货限额是生产单位接受订货的最低数量，如钢厂的订货限额多以运输工具为基础来进行编制，同时也要考虑使用情况。对于一般规格的普通钢材，订货限额较高；对于优质钢材和特殊规格钢材，一般用量较低，订货限额也较低。发货限额通常是以一个整车装载量为标准，采用集装箱时，则以一个集装箱的装载量为标准。某些普遍用量较少的材料和不便中转供应的材料，如危险材料、腐蚀性材料等，其发货限额可低于上述标准。订货限额和发货限额订得过高，会影响直达供应的比重。

总之，影响材料供应方式的因素是多方面的，而且是相互交织的，因此，施工单位必须根据实际情况综合分析，确定供应方式。供应方式选择恰当，能提高材料流通速度，加速资金周转，提高材料流通经济效果；选择不当，则会引起相反作用。

五、公路工程施工项目材料运输管理

材料管理，是通过材料采购、运输、储备和供应四个环节来实现的，目的是满足施工用料的需要，而采购、储备和供应，都是通过运输来完成的。有了资源，没有运输供应就无法实现。因此，材料运输是材料供应活动中的组成部分和业务环节之一，是企业经营管理的重要组成部分，是生产供应与消费的桥梁，对于保证施工顺利进行，起着重要的作用。加强材料运输管理，是改善企业经营管理，提高经济效益的重要途径。加强运输管理，可以节约社会运力，缩短材料流通时间。

（一）材料运输方式

按照运输工具划分，现代运输方式有公路运输、铁路运输、水上运输、航空运输和管道运输等。

1.公路运输

公路运输机动灵活、简捷方便、应急性强、投资少、收效快，但载重量小，车辆运行时震动较大，易造成货损事故，费用成本较海运和铁路运输高。

2.铁路运输

铁路运输运行速度快、载运量较大、受气候影响小、准确性和连续性强、运输时间短，但由于物流成本一直居高不下，所以与海运相比较，全铁路运输的费用还是有一点高。

3. 水上运输

水上运输通过能力强、运输量大、运费低廉、对货物的适应性强，但运输时间长，受天气的影响大，无法承运到内陆国家和地区。

4. 航空运输

航空运输时间短，适合货量较少且要求时间紧的货物，但价格太过昂贵，大大增加了成本。

5. 管道运输

管道运输速度快、损耗小、费用低、效率高，适用于输送各种液体、气体及粉状、粒状材料。

（二）材料运输管理的任务

材料运输管理的基本任务是根据经济规律和合理运输材料的基本原则，对材料运输过程运用计划、组织、指挥和调节等职能进行管理，争取以较短的里程、较低的费用、较短的时间，采用安全的措施完成材料在空间的转移，保证工程的需要，使材料运输合理化。工程所用材料的品种多、数量大，所以必须加强运输管理，使材料迅速、安全、合理地完成空间的转移，尽快实现其使用价值，才能保证施工生产的顺利进行。为实现这个任务，必须做到以下几点：

①按照及时、准确、安全、经济的原则组织运输。

②加强材料运输的计划管理，做好货源、流向、运输路线、现场公路、堆放场地等的调查和布置工作。

③建立和健全以岗位责任制为中心的运输管理制度，明确运输工作人员的职责范围，加强经济核算，不断提高材料运输管理水平。

（三）材料运输管理的原则

①应按规定程序及时编制运输计划。

②应根据交货期限，需用时间、地点、选择的路线及运输工具等要素的情况，通过详细核算比较后正确地提出运输计划。

③应防止迂回、倒运、相向等不合理运输，并尽量采用直达运送方式，减少中转，避免多次装卸，节约运力、运费，降低运输损耗。

④应切实注意运输中的一切手续与有关规定，以保证安全，消灭损耗事故。

⑤调查了解当地车站、码头等货场情况，卸货、装货能力，运输工具及转

运工地的运输路线情况，以备大宗和大件材料的运达和转运。

公路施工中会使用大量的砂、石、粉煤灰、白灰等地产材料，应在认真调查研究的基础上，选择最佳运输路线和运输工具，减少场外运输损耗。以工地库场的验收数量作为结算付款数量，是减少场外运输损耗的最好办法。

六、公路工程施工项目材料消耗定额管理

材料消耗定额是指在一定的生产技术组织条件下，完成单位产品或单位工程必须消耗材料的数量标准。所谓一定的生产技术组织条件，是指一定的工程对象和结构性质。随着工程对象不同，材料消耗量是不同的；施工工艺方法不同，材料消耗量也不同；工人技术熟练程度不同，材料消耗量也不同；施工组织管理水平不同，则材料消耗量也不同。材料消耗量包括材料的使用量和必要的工艺性损耗及废料数量。

（一）材料消耗定额的作用

①材料消耗定额是正确计算各类材料需要量、储备量、申请量、采购量，从而编制出准确的材料供应计划的重要依据。

②材料消耗定额是有效组织定额发料，科学地组织材料供应管理的重要基础。

③材料消耗定额是监督材料有效利用的工作标准，也是确定材料储备定额和防备资金定额、计算产品成本、开展经济核算的尺度。

④材料消耗定额是核算材料消耗的依据，也是划分材料供应部门与需用部门双方责任的基础。

⑤材料消耗定额是监督和促进公路项目施工厉行节约，加强材料核算和材料成本控制的重要工具。

（二）材料消耗定额的种类

1. 材料消耗概算定额

材料消耗概算定额是公路工程概算定额的组成部分，它是编制备料计划和重要材料申请的依据。在不具备技术设计和施工图设计时，可以用材料消耗概算定额来结算或概略计算主要材料的需用量。

2. 材料消耗预算定额

材料消耗预算定额是公路工程预算定额的组成部分，它是根据分部、分项工程的单位工程量，按社会平均必要的消耗水平计算和确定的，因其项目较细，

所以是编制工程预算、材料需用量计划、申请计划和供应计划的依据，是施工过程中材料管理使用的主要定额。

3. 材料消耗施工定额

材料消耗施工定额是公路施工定额的组成部分，应结合施工单位或具体工程项目材料消耗的实际情况编制，供工程项目内部管理使用。其内容较预算定额更为细致和具体。施工定额应按平均先进原则进行确定，它是工程项目编制作业计划和工料预算、进行限额领料和考核材料消耗的依据。

（三）材料消耗定额的构成

分析材料消耗的构成，是确定材料消耗定额的前提，项目材料消耗由以下三部分组成：

①直接构成工程实体的材料消耗，这是材料的有效消耗部分，如产品实体净用的材料数量。

②工艺性损耗。工艺性损耗由两个因素构成：一是在材料加工准备过程中产生的损耗，如边角余料、端头短料等；二是在施工过程中产生的损耗，如施工场内运输及操作过程中不可避免的损耗量。工艺性损耗是不可避免的，但随着技术的进步和工艺水平的提高，能够减少到最低限度。

③非工艺性损耗。非工艺性损耗包括废品、次品、不合格品的材料消耗，运输保管不善而带来的损耗，供应条件不符合要求而造成的损耗，材料化验取样损耗，以及其他原因造成的损耗。非工艺性损耗是很难完全避免的，有的还不是施工本身原因造成的，因此不能不予考虑。

上述材料消耗中，前两种构成材料的工艺消耗定额，施工定额就属于这一类，再加上非工艺性损耗，即构成材料综合消耗定额（供应定额），预算定额就属于这一类。在实际工作中，非工艺性损耗按工艺消耗定额的比例确定，一般以材料供应系数表示，即：

$$损耗率 = 损耗量 / 净用量 \times 100\%$$
$$总消耗量 = 净用量 \times （1+ 损耗率）$$

所以确定材料消耗定额，关键是确定净用量和损耗率。

（四）材料消耗定额的内容

材料消耗定额的内容，主要包括定质和定量两个方面。

1. 定质

定质是指对工程或产品所需要材料的品种、规格、质量做出正确的选择，使其达到技术上可靠、经济上合理、供应上可能。具体要求是：品种、规格、质量符合设计要求；有良好的工艺性，便于操作，以保证工程质量和提高工效；采用通用、标准产品，尽量避免稀缺昂贵材料，使经济上合理，降低成本。

2. 定量

定量的关键在损耗。由于消耗定额中的净用量，一般视为是不变的量，定额的先进性和合理性主要表现在对损耗量的测算上。所以正确测算损耗量的大小，是确定材料消耗定额的关键。

（五）材料消耗定额的确定方法

根据材料使用次数的不同，建筑安装材料分为非周转性材料和周转性材料。非周转性材料也称为直接性材料，它是指施工中一次性消耗并直接构成工程实体的材料，如砖、瓦、灰、砂、石、钢筋、水泥、工程用木材等。周转性材料是指在施工过程中能多次使用，反复周转但并不构成工程实体的工具性材料，如模板、活动支架、脚手架、支撑、挡土板等。

1. 直接性材料消耗定额的确定

常用的确定方法有：观测法、试验法、统计法和计算法。

（1）观测法

观测法是对施工过程中实际完成产品的数量进行现场观察、测定，再通过分析整理和计算确定建筑材料消耗定额的一种方法。这种方法最适宜确定材料的损耗定额。因为只有通过现场观察、测定，才能正确区别哪些属于不可避免的损耗，哪些属于可以避免的损耗。

用观测法确定材料的消耗定额时，所选用的观测对象应符合下列要求：

①建筑物应具有代表性。

②施工方法应符合操作规范的要求。

③建筑材料的品种、规格、质量应符合技术、设计的要求。

④被观测对象在节约材料和保证产品质量等方面应有较好的成绩。

（2）试验法

试验法是通过专门的仪器和设备在试验室内确定材料消耗定额的一种方法。这种方法适用于能在试验室条件下进行测定的塑性材料和液体材料（如混凝土、砂浆、沥青马蹄脂、油漆涂料及防腐涂料等）消耗定额的确定。

（3）统计法

统计法是指在施工过程中，通过对分部分项工程所拨发的各种材料数量、完成的产品数量和竣工后的材料剩余数量进行统计、分析、计算来确定材料消耗定额的方法。这种方法简便易行，不需组织专人观测和试验，但应注意统计资料的真实性和系统性，要有准确的领退料统计数字和完成工程量的统计资料。同时，还应对统计对象加以认真选择，并注意和其他方法结合使用，以提高所拟定额的准确程度。

（4）计算法

计算法是指根据施工图纸和其他技术资料，用理论公式计算出产品的材料净用量，从而确定材料消耗定额的方法。这种方法主要适用于块状、板状和卷筒状产品（如砖、钢材、玻璃、油毡等）的材料消耗定额的确定。

2. 周转性材料消耗定额的确定

周转性材料的消耗定额，应该按照多次使用、分次摊销的方法确定。

摊销量是指周转性材料一次使用在单位产品上的消耗量，即应分摊到每一单位分项工程或结构构件上的周转性材料消耗量。周转性材料消耗定额一般与下面四个因素有关：

①一次使用量，即第一次投入使用时的材料数量。一次使用量应根据构件施工图与施工验收规范来计算。一次使用量一般供建设单位和施工单位申请备料和编制施工作业计划使用。

②损耗率，即在第二次和以后各次周转中，每周转一次因损坏不能复用、必须另作补充的数量占一次使用量的百分比，又称平均每次周转补损率。损耗率一般用统计法和观测法来确定。

③周转次数，应按施工情况和过去经验确定。

④回收量，即平均每周转一次平均可以回收材料的数量，这部分数量应从摊销量中扣除。

七、公路工程施工项目材料储备管理

材料储备是为了保证施工生产正常进行而做的材料准备。材料离开生产过程进入再生产消耗过程前，以在途、在库、待验、再加工等形态停留在流通领域和生产领域，这就形成了材料储备。材料储备可分为经常储备、保险储备和季节储备。

材料储备管理是材料管理的中间环节，对实物管理起着至关重要的作用。储备环节一旦管理混乱、把关不严，将导致整个材料管理的混乱。

1. 材料储备管理的注意事项

①应注意采取防火、防盗、防潮等安全措施。

②库房材料应摆放整齐，要有标明品名、厂家、生产日期、型号、规格等标志的卡片。

③应如实登记材料收、发、存台账，做好月度、季度材料收支动态表。

2. 材料储备定额的计算方法

从理论上讲，公路施工不能实现均衡生产和均衡消耗材料，因此从管理角度来说，应强调"工完料净场地清"。通常材料储备不能适应施工企业，但是为了保证不停工待料，在不可能做到"零库存"的情况下，必须在生产过程中根据实际情况，阶段性地对有些材料进行合理的储备。

材料的消耗是逐渐进行的，而材料的采购是集中或分批进行的，因此必须建立一定的材料储备，材料储备过多会占用较多的流动资金，储备过少又不能保证生产的正常进行，为此需要确定一个合理的储备定额。

（1）经常储备定额

经常储备定额是指为维持日常生产而形成的周转库存，即保证两次进货间隔期间正常需要的材料数量。

$$经常储备定额 = 日平均需要量 \times 供应间隔天数$$
$$日平均需要量 = （材料消耗定额 \times 计划期产量）/ 计划期天数$$
$$供应间隔天数 = 发货限额 / 日平均需要量$$

（2）保险储备定额

保险储备定额是指为了应付材料供应不足、不均衡而建立的材料储备。

$$保险储备定额 = 日平均需要量 \times 保险储备天数$$
$$保险储备天数 = \sum 每次到货误期天数 / 误期次数$$

（3）季节储备定额

季节储备定额是指为了克服材料供应和需要之间的季节差而建立的储备。

$$季节储备定额 = 日平均需要量 \times 季节储备天数$$

八、公路工程施工项目材料验收管理

材料采购回来后，必须进行验收方能入库，严禁不经验收就直接入库。材料的验收工作是企业材料管理和使用的前提。验收也是为了明确各方（供货方、运输方、需求方）责任，维护企业利益。材料验收入库是一项技术性、责任性和时间性较强的工作，对材料验收工作的要求是及时、准确、认真。

（一）材料验收的原则

材料验收入库必须坚持职务分离，包括：项目领导亲属回避物资采购；计划提出人、验收人同采购人分离；采购、储存以及使用人与账务记录人员分离；质检与验收人员、采购人员分离；付款审批人同付款人、付款执行人分离；付款执行人同记账人员分离。另外，验收过程中应当有第三人在场并签字，需经过监理及甲方认可的特殊材料应当邀请他们共同签收。

（二）材料验收的程序

1. 验收准备

材料进库场前，收料人员应根据材料的技术标准和材料技术保管规程及有关规定，熟悉准备入库场材料的有关包装要求、标志、堆码要求、计量方式、有效期、允许误差等技术条件，收集并整理验收凭证及有关资料，确定入库材料的存放地点，准备好需用的检验器具，并事先做好校验，保证其准确性，准备好装卸材料所需的设备、工具及劳动力。地材验收前要有试验室测出的干、湿密度作为过程计算的依据。

2. 核对证件

验收时，收料人员应主要核对：订货合同或协议书；供货单位提供的发货单、产品质量证明书或合格证、装箱单、秤单、发货明细表、发票；运输部门提供的货物到货通知书、货运单（货票）、运料单及入库前发生的残损情况所应有的货运记录或普通记录等证件。

3. 检验实物

（1）材料的数量检验

①计重材料应按净重计算，检斤率要求达到 100%，对于按件标准重量的材料，可抽查验收，抽查面一般在 6% ～ 10%，但必要时也需要全部检斤计量验收。

理论换算计重的钢材检尺率一般为：定尺交货的为 15% ～ 25%，非定尺交货的为 100%。

②计件材料的验收，应要求做到全部清点件数，尽可能做到交接双方人员在场当面清点数量，以明确责任。

③不能换算或抽查的材料，应全部过秤计量，逐秤填写检斤单。

④用其他方法计量的材料，如木材等，按其规定的计量方法清点。

⑤进口材料检验，应通过海关商检部门检验，有质量、包装不符、数量短

少等情况时，应做商检记录，在索赔期限内，按对外索赔规定办理索赔。

⑥数量验收过程中，应填制材料检斤（尺）凭证，如检斤单、检尺单等计量原始凭证，随即附在收料单后存查。

（2）材料的质量检验

1）外观质量检验

感官鉴定应检看外形是否符合名称、规格、质量要求，检查材料表面有无水渍、潮湿、硬化、生锈、变质、损伤等异状以及尺寸偏差等缺陷。对于金属材料，还要看表面有无裂纹、拉裂、弯曲、压痕、划痕等。外观质量检验通常采用抽验的办法，抽验的材料要有代表性，并要做好抽验核查记录。

2）理化性能检验

凡须进行理化性能检验的材料，都应由技术检验部门事先或事后进行检验，必须在合同规定的期限内检验完毕，出具试验报告单，并做好检验记录。

3）材料验收注意事项

①对于品种和数量少、技术性能不复杂的材料，应在当天验收入库；对于大宗材料和技术性能较复杂的材料，应在三天内验收完毕。如有特殊困难，不能按时验完，应分批验收，以免影响工程使用。有关质量技术检验一时不能完成的，可先做数量验收。对于分批运达的大批材料，应凭发料单位的运料单验收，逐批登记，待全部运到后，应办理收料手续。

②到货材料未得出验收结论前，不应办理发料。

③入库场材料技术质量证明书（包括材质证明书、产品合格证等）应妥善保存，技术质量证明不齐的，应及时向供方联系索取。发放材料时，对有材质要求的材料应将材质证明书交给使用部门，以便鉴别材质。

4）验收中发生问题的处理

①材料数量发生余缺时，应查明原因，分清责任，做好验收记录，向有关部门交涉处理。

②凡材料外观质量和理化性能有欠缺，影响材料使用价值的、材料规格不符的、材料包装有严重残损的，应先验收合格品，对不合格品或规格不符的要单独分开，查对核实后，填写验收记录，向有关部门交涉处理。

③对于不能验收的材料，要做好记录，单独存放，妥善保管。对于不能发用、丢失、损坏的材料，待问题解决后再验收入库。

④国外进口材料出现属于国外售方责任的数量损溢、质量缺陷和包装严重破损等问题时，应按索赔程序办理。办理国外索赔的程序一般为：向海关商检

局报验，由商检局检验出证；国家进口部门向国外售方交涉处理结案。保管员应提供验收中的有关数据和情况记录，做好配合工作。

4. 办理入库手续

材料验收完毕后，保管员应立即办理正式收料凭证，并据以登账，立标志牌，完成入库手续。

（1）登账

材料保管账是详细反映材料进出库和结存情况的账目。保管账应分别按材料的类别、品名、规格，凭正式收料凭证以实收数记账。

保管账可采取专职管理人员负责总账和保管员一人一账的方法，不论采取哪种管理方式，均应做到每天登账，经常查对，保证账、物相符。

（2）立标志牌

标志牌是一种材料标签，上面标明材料的品名、规格、数量、试验状态等，标志牌应放置在材料堆、垛的正面。标志牌有活动号码式和填写式两种。收、发料时，应随时拨动号码数盘或填写标志牌，以防事后漏记。同时，保管员应经常以牌对物，保证牌、账、物相符。

九、公路工程施工项目材料的存放管理

材料验收入库后到发出使用前的一段时间，需要仓库妥善保管和养护。合理储存是将材料存放在适宜的场所和位置，使物得其所。养护就是保养和维护，是为材料提供良好的保管条件和保管环境。材料保管和养护的目的在于保持库存材料的使用价值，最大限度地减少材料使用前的损耗，保证及时、齐备地供应施工的需要。为此，保管和养护工作必须做到保质、保量、保安全、保需用，达到节省库存容量、出库和领用方便、节省人力消耗、减少库存损耗的目的。

（一）材料保管保养的总体要求

①严格验收，认真核对收料凭证、订货合同、货运单、发票、质量证明等，无误后检斤点数入库，做到迅速准确，不误使用。发放材料应根据材料消耗单、领料单、调拨单等正式凭证，严禁白条发放，不准受理私人领借，保管员不准私自动用经管材料。

②库存材料必须有物有账，账物相符，永续盘点，日清月结，做到账、卡、物、资金四对口，定期编报材料收、发、存动态报表。

③库存材料应进行科学管理，分门别类，按规格、顺序排列，四号定位（四号定位是按库号、架号、层号、位号对材料实行统一编号，便于迅速查账和发

料），五五摆放（五五摆放是根据各种材料的特性和形状，做到五五成行、五五成方、五五成串、五五成包、五五成堆、五五成层地摆放，便于过目成数，便于盘点和取送发放）。库容整洁，摆放整齐，标志明显，便于清点，新旧分开，规格材质不混；同一名称，规格与质量相同的材料，在同一库场不得存放两处；露天存放材料应上盖下垫，堆码整齐。

④为了保证材料安全，危险品、易燃品等应单独存放，不得与其他材料混存。

⑤库房、料场必须保持走道畅通，消防设备应齐全可靠，人人会用。应建立定期检查制度，做好防火、防盗、防雨等工作。

⑥库房、油库严禁吸烟，不许携带引火物品及其他危险品入库，以免引起火灾。

⑦库、场排水设施应经常检查疏通，库场电线应经常检查修理。除在工作的时间外，应将电闸拉开，断绝电源。遇狂风暴雨时，应加强检查，注意库房可能漏雨的地方，采取措施，防止材料损失。

⑧未经批准，非保管人员不得进入仓库。

⑨保管人员工作调动，应认真办理交接手续，清点库存，核对账物，接收人员确认无误后，方可调离，以明确责任。

（二）材料保管场所

由于目前施工单位仓库设施的限制，材料保管场所尚不能满足所有材料保管需要。一般施工单位存放材料的场所有库房、库（货）棚和货（料）场三种形式。

1. 库房

库房也称封闭式仓库，是指四周有围墙、有门窗，可以完全将库内空间与室外隔离开来的建筑物。由于其能够隔热、防潮、遮风挡雨，因此库房内所存材料多是怕风吹日晒雨淋，对温湿度及有害气体反应较敏感的材料，如镀锌板、镀锌管、薄壁电线管、水泥、胶黏剂、溶剂、防冻剂、各种工具、电线电料、零部件等。

2. 库（货）棚

库（货）棚是指上面有顶棚，四周有一至三面围墙，但未完全封闭起来的构筑物，能够遮挡住日光暴晒，但温度、湿度与外界基本一致。因此，只怕雨淋、日晒，而对温度、湿度要求不高的材料，可以放在库（货）棚内，如陶瓷制品、散热器、石材制品等。

3. 货（料）场

货（料）场是指露天的，但地面经过一定处理的存料场地。货（料）场一般要求地势较高，地面夯实或进行适当处理，以免地面潮气上返。货（料）场所放材料是不怕风吹、日晒、雨淋，对温湿度及有害气体反应不敏感的材料，或是虽然受到各种自然因素影响，但在使用时可以消除影响的材料，如钢材的中大型型材、钢筋、砂石、砖、砌块、木材等。

对保管条件要求较高的材料，如需要保温、低温、冷冻隔离保管的材料，必须按保管要求，存放在特殊库房内。如汽油、柴油、煤油等燃料油，必须是低温保管。保管场所的选择是相对的，并非一成不变。当仓库中库房储存能力较大时，可适当地把材料多放入库房保管；而当保管条件较差时，只能把不入库房保管就会造成根本性破坏的材料放入库房保管。

（三）材料堆码的基本要求

材料堆码就是根据材料的包装性能、特点、重量、数量，结合季节、气候、储存时间等因素，将材料按一定规律码成各种货垛。合理的堆码，能保证材料不变形、不变质，便于收、发料，特别是便于机械作业，有助于充分利用保管场所单位面积储存能力，有助于盘点、维护保养和安全作业。

1. 合理

对于不同品种、规格、牌号、等级、批次的材料，应分开堆码，不相混杂，选择的垛型和堆码高度应适合材料的性能特点，应分先后次序堆码，以贯彻"先进先出"的原则。

2. 牢固

货垛应具有最大的稳定性，不偏不斜，不歪不倒，不得压坏底层材料和地面，要确保材料堆垛安全牢固。

3. 定量

每垛、每行、每层的数量应力求成整数，达到过目知数，便于清点。若不能成整数时，每层应明显分隔，标明数量（质量）。大宗材料应尽量做到定量存放，分堆、分层堆码。

4. 整齐

货垛排列应整齐有序，成行成列，包装外的标志应一律朝外，便于查看和发货。

5. 节省

材料堆码应尽量节省仓库面积，节省劳动力和保管费。

（四）材料苫垫

施工地点因条件所限，很多材料应露天存放，因此上苫下垫是避免材料受雨、雪、潮气的侵袭和日光暴晒危害的必要措施。"苫"是指在材料的货垛上加盖遮盖物；"垫"是指在材料垛底加上衬垫物。

1. 苫盖

根据储存材料的不同性质、保管要求和垛型，采用不同的苫盖材料和方法。苫盖材料的选择应符合防火、安全、经济、耐用的要求。苫盖物一般有芦席、油布、油毡纸、苫布、塑料布、编织布、铁皮等，在油库内不得使用芦席、油布、油毡纸等易燃的苫盖物。

苫盖时，垛顶料面必须平整，以免积水而渗入垛内。垛底的垫木不可露在苫盖物的外面，以防雨水顺延流入垛内。苫盖后，应将苫盖物捆扎牢固，以防掀起，同时，苫盖物不能苫到地面而阻碍垛底通风。

2. 垫垛

根据不同材料和保管要求，按垛型尺寸和负荷轻重，在垛底放适当的衬垫物料，如枕木等，以减少或消除地面潮气对材料的影响，有利于垛底通风。垫垛的注意事项如下：

①衬垫物应保证料垛不受水浸或潮湿，通风要良好。

②露天料场的地面要平整夯实，避免码垛后或机械作业时地面下沉造成货垛倾斜、倒塌或料场地翻浆。

③衬垫物要铺平放正，衬垫物的负重不得超过其本身和地面的负重限重。

④衬垫物的负重要均衡，防止料垛变形。

⑤合理使用衬垫物，注意节约和保管。

（五）料场材料的保管

施工所需要的大宗物资包括地材（砂、石、灰）、水泥、钢材等，这些材料数量大，难以入库，多堆存在露天料场，受天气和外界的影响大，应加大管理力度。

1. 地材的保管

①地材料场应坚实平整。有自动拌和站的，料场应设在拌和站，无拌和站的料场应尽量设在靠近工地的地方或直接将砂、石料送到沿线施工点，这样可

以避免二次倒运，以减少费用。

②不同品种、规格的地材应分别堆放。

③生石灰应堆放在干燥、平坦、不积水的地方，灰堆四周应挖排水沟，表面可洒水拍实，防止损失，生石灰的储存期不宜过长。

2. 水泥的保管

①袋装水泥应尽量存放在干燥的库房或料棚内。库房或料棚要严格防漏雨渗水，要设在地势高、排水良好的地方。库房或料棚内地面应高于库外，垛底应垫高，以防雨水渗入，垛堆离墙壁应不少于50cm，库房或料棚四周应挖排水沟。

②露天存放时，应选择地势高且平坦、干燥、排水通畅的地点。垛底应高出地面40cm，用垫木垫高并垫铺油毡或其他防潮材料，水泥垛要苫盖严实。

③散装水泥应储存在专用的水泥罐中。

④不同生产厂、品种、强度等级、出厂日期（生产完成日期）的水泥应分别堆垛，严防混存。袋装水泥堆垛高度和宽度一般以10袋为宜，不得超过12袋。

⑤水泥储存期从出厂日期（生产完成日期）起一般为3～6个月，所以应严格掌握先进先出的原则，超过期限的必须重新检验，确定强度等级后方可使用。水泥受潮后应对其受潮部分进行鉴别，然后根据情况做出不同的处理。

⑥水泥垛应定期进行倒垛，不得与石灰、黏土等粉尘状物料存放在一起，以免相互混杂。

3. 钢材的保管

①应选择地势较高、平坦、不积水及承载力大的地方作为存放场地，并要做好料场排水系统。

②堆码时应注意垫高垛底，利于垛底通风，促使垛下地面干燥，防止垛底钢材锈蚀。钢材是比重大的材料，要使垫垛物体的接地面积尽量大一些，免得被钢材压入地下，失去了垫垛的作用，同时应采用适宜的材料进行苫盖，以避免雨淋，有条件的地方还应搭盖料棚。

③应保证料场清洁，清除杂草污物。

④钢材要分钢号、分规格、分产地堆放，并应立标志牌保管。

⑤应加强计划性，合理进货，避免因存放时间过长产生锈蚀。

（六）燃料的保管

燃料主要指的是液体燃料，工程施工中使用最多的是汽油和柴油，由于施工条件所限，各施工项目大都采用油罐来储存汽油和柴油，也有用桶保管油料的。

1. 保管的基本注意事项

①应选择距生活区较远、装卸方便的安全地方设立油库，油库具体地址应经公安部门认可。

②不同品种及不同规格的油品不得同罐混存。

③必须随时检查油罐底部有无渗漏现象、油罐是否下沉、防火装置与监视液体水平浮标是否完善，发现问题，应及时解决。

④露天安装的油罐，应搭盖料棚，严防太阳暴晒、温度过高导致事故发生。

⑤桶装油品应尽量入仓库或料棚内保管。露天存放时，必须配齐胶圈，拧紧桶盖，防止水或杂物浸入油桶。桶内装油不宜过满，一般容量为200L的油桶，应留存 5～7cm 的空间。

2. 油库的安全管理制度

①油库及周围严禁烟火，严禁使用马灯及明火照明。进入油库不准携带引火物，不准穿露铁钉的鞋攀登油罐，油桶、油库周围禁止堆放木料、树叶、干草、生石灰等助燃物。

②不准在油库周围修理汽车、电气割焊、烧火、取暖、燃放鞭炮。加油车辆、机械排气管未带防火罩不准进入库内，加油时必须熄火。含铅汽油严禁嘴吸。

③油库油罐和运油罐车都必须具有良好的接地装置，装卸作业轻拿轻放，严防野蛮装卸、引起漏损或起火。

④经常检查油库电路、电源，所采用电器必须是防爆式的。油罐的计量器应装设铜或铝合金套。

⑤应配备相应的消防器材和通信器材。

3. 防止材料损失的措施及维护办法

①大多数材料储存期是有限的，超过储存期限的材料会失去原有效能或完全失去使用价值，因此要加强平时的检查，尽可能做到适用少储，在材料储存期内使用。

②要合理安排适当保管场所，妥善堆码，苫垫和密封是防潮和防止损坏的有效措施。

③要经常对库存材料进行检查，及时发现和掌握材料的变化情况，发现问题后，应根据具体情况采取相应的救治措施，防止异状的扩大。

④要搞好库场卫生，保持货垛、包装物、苫垫材料及地面的清洁，防止尘

土及各种脏物沾污材料。

⑤要做好季节性预防工作，防止风、雨水、高温、冰冻等对材料的损害。

十、公路工程施工项目材料的发放管理

材料发放时，应根据施工生产部门的材料需用量计划和规定的发料凭证、材料消耗单、领料单、调拨单等办理发料手续。出库材料，必须向提货人点交清楚。

（一）材料发放原则

材料发放的基本要求是按质、按量、齐备、准时、有计划，确保生产的需要，严格按出库手续，防止不合理的领用，促进材料的节约和合理使用。材料发放必须有发放凭证，无单不发货。发放凭证是材料部门的供料凭证，也是单位之间的结算凭证。发放材料一般应以"急用先发、先进先出、推陈出新"为原则。

（二）材料发放凭证

①材料消耗单。凡规定有材料定额或能计算限额用量的材料，如钢材、水泥、沥青、砂石料等，由工程办计划员或预算工程师根据工作任务计算限额用料数量，签发材料消耗单。

②领料单。领料单由使用部门的工长填写，施工生产负责人批准，领料人签字。

③调拨单。各单位之间材料调拨，由调出单位填写，调入单位签认。

（三）现场送料

现场送料就是根据单位工程材料计划或限额发料计划，以及施工进度，由仓库有计划地备料，并直接送到施工现场。其做法有以下几种。

①大配套送料：工程所需的大宗材料，如砖、瓦、砂石、灰、钢筋等，按单位材料计划统一提前备料，直接送到现场。

②小配套送料：工程所需的一般材料，如电料、仪表、化工、油漆、工具、劳保用品等，根据供应计划，结合施工进度，分别配套送到队组。

③限额送料：根据队组限额领料单上所需的材料，由材料部门组织送货到现场。

④急料专送：根据施工中的急需或查漏补缺，通过材料平衡调度，指定时间专料专送。

实行现场送料的好处：一方面可以严格执行材料消耗定额，控制材料的节约使用，保证施工生产的需要；另一方面便于材料管理人员深入现场，掌握材料使用情况，实行监督，同时也有利于主动调剂余缺，加强材料的计划性和预见性。

十一、公路工程施工项目材料的统计管理

材料统计资料是反映材料在流通和使用领域各环节流动情况的基本资料，是研究材料流通和发展变化趋势的必要依据，也是施工企业编制合理的材料储备定额、材料消耗定额及各种科学的材料管理制度不可或缺的依据。

（一）材料统计的任务

①准确及时、全面系统地收集整理和分析有关统计资料，并按规定编制各种统计报表。

②及时统计材料收入量，为编制与检查材料供应计划和研究材料分配提供信息；统计材料消耗量、研究消耗水平为合理使用材料、降低消耗量和编制材料消耗定额提供依据；统计材料库存量为研究材料储备量的合理程度，编制供应计划，合理调剂余缺，改进材料储备定额，加速资金周转提供依据。

③给企业领导提供材料统计资料，为企业经营决策、施工任务安排、增强竞争能力、加强企业管理提供依据。

④为群众参加企业管理、开展增产节约与劳动竞赛服务，例如采用公布有关统计资料等群众喜闻乐见的各种形式，促进增产节约持续开展。

⑤管理本单位统计报表，建立健全统计台账制度，并会同有关部门或人员建立健全原始记录制度，组织收集、整理、分析报表，妥善将各种统计资料归档保存。

（二）材料统计分析的基本方法

材料统计分析的基本方法，一般采用对比分析法（相对指标）和平均分析法（平均指标）两种。

1. 对比分析法

对比分析法指对两个有联系的经济现象之间的数量关系进行对比，表明相互之间的比例关系，必须是同类的、相互有联系的，在时间、单位和计算方法上是一致的，才有可比性，比出来的结果才是合理的。对比分析法又称为相对指标。

（1）计划完成程度指标

计划完成程度指标，它表现为实际完成数与计划任务数之比，以百分数表示。

（2）结构对比指标

结构对比指标是指被研究现象的分量指标与总量指标之比，即部分与总量之比，以百分比表示。分析各部分指标在总量指标中所占的比重，以观察内部结构情况。

（3）动态对比指标

动态对比指标是指某一现象在不同时间上的同一指标对比的比值。为观察某一现象发展变化的水平和速度，一般将同一指标的报告期（计算期、比较期）水平与用来作为对比基础的那个时期，简称基期的水平做对比。

（4）同类对比指标

同类对比指标是指同一时间的同类现象，在不同地区、不同单位、不同部门或个人之间的指标对比的比值。

（5）强度对比指标

强度对比指标是指两个性质不同又有联系的指标对比的比值，它是用以反映现象的强度、密度、普遍程度的综合指标。

2. 平均分析法

平均分析法又称平均指标。平均指标是反映事物一般水平的重要指标，它主要用来表明同质总体中某一标志值在一定条件下所达到的一般水平。例如某施工队在一定时期的材料消耗定额水平，显然不能用个人或个别班组的材料消耗水平来替代，因为个别班组或个人受劳动组合、体质状况、技术等级、材料供应条件、工艺和管理水平等多种因素影响而各不相同。只有根据各班组在一定时期完成同质工作量之和及相应消耗材料之和，计算出每一单位工作量所消耗材料的平均数，才能反映出材料消耗的一般水平。平均指标就是把个人或班组之间的差异加以科学抽象，而将各班组中的共同性显示出来。只有平均指标才具代表性，这是相对指标所不能反映出来的。

平均指标还可以对空间上的差异、时间上的变化进行比较，说明现象的发展过程和趋势，以及分析现象间的依存关系，如各队之间材料平均消耗的差异、上年与本年消耗水平的变化等。算术平均数和加权算术平均数是两种常用的平均指标。

第三章　公路工程施工合同管理

第一节　公路工程施工承包合同的内容与管理

一、施工承包合同的内容

合同管理不仅包括对每个合同的签订、履行、变更和解除等过程的控制和管理，还包括对所有合同筹划过程的控制和管理。合同管理的主要工作内容有根据项目的特点和要求确定设计任务委托模式和施工任务承包模式（合同结构）、选择合同文本、确定合同计价方法和支付方法，以及合同履行过程的管理与控制、合同索赔的管理等。

（一）施工承包方的主要合同关系

①施工合同是施工承包方与业主签订的施工承包合同，它也是所有合同关系中的核心合同。

②分包合同。承包商把从业主那里承接到的工程中的某些分项工程或工作分包给另一承包商来完成，则要与其他承包商（分包人）签订分包合同。分包人与业主无合同关系。总承包商仍向业主担负全部工程责任。

③采购合同。承包商为采购和供应工程所必要的材料、设备，要与材料、设备供应商签订材料、设备采购合同。

④运输合同是承包商为解决材料、物资、设备的运输问题而与运输单位签订的合同。

⑤加工合同是承包商将建筑构配件、特殊构件的加工任务委托给加工承揽单位而签订的合同。

⑥租赁合同。当有些设备、周转材料在现场使用率较低，或自己购置需要大量资金投入而自己又不具备这个经济实力时，可以采用租赁方式，要与租赁单位签订租赁合同。

⑦劳务采购（或分包）合同，即由劳务供应商（或劳务分包人）向工程施工方（或承包人）提供劳务，工程施工方（承包人）与劳务供应商（或劳务分包人）之间签订的合同。

⑧保险合同，即承包商按施工合同要求对工程进行保险，与保险公司签订的合同。

⑨检测合同，即承包商与具有相应资质检测单位签订的合同。

（二）施工承包合同文件的内容

①施工合同示范文本，一般由协议书、通用条款、专用条款三部分组成。

②其他合同组成文件，一般包括中标通知书，投标书及其附件，有关的标准、规范及技术文件，图纸，工程量清单，工程报价单或预算书等。

（三）施工合同示范文本的内容

①词语定义与解释。

②合同双方的一般权利和义务，包括代表业主利益进行监督管理的监理人员的权利和职责。

③工程施工的进度控制。

④工程施工的质量控制。

⑤工程施工的费用控制。

⑥施工合同的监督与管理。

⑦工程施工的信息管理。

⑧工程施工的组织与协调。

⑨施工安全管理与风险管理。

（四）施工承包合同文件的优先顺序

确定合同文件优先顺序的规定一般在合同通用条款内，发包人可以根据项目的具体情况在专用条款内进行调整。原则上应把文件签署日期在后的和内容重要的排在前面，即更加优先。《公路工程标准施工招标文件》（2018年版）规定，解释合同文件的优先顺序如下：

①合同协议书及各种合同附件（评标期间和合同谈判过程中的澄清文件和补充资料）。

②中标通知书。

③投标函及投标函附录。

④项目专用合同条款。

⑤公路工程专用合同条款。

⑥通用合同条款。

⑦技术规范。

⑧图纸。

⑨已标价工程量清单。

⑩承包人有关人员、设备投入的承诺及投标文件中的施工组织设计。

⑪其他合同文件。

（五）施工承包合同中发包方的责任与义务

①提供具备施工条件的施工现场和施工用地。

②提供其他施工条件，包括：将施工所需水、电、通信线路从施工场地外部接至专用条款约定地点，并保证施工期间的需要；开通施工场地与城乡公共道路的通道，以及专用条款约定的施工场地内的主要道路，满足施工运输的需要，并保证施工期间的畅通。

③提供有关水文地质勘探资料和地下管线资料；提供现场测量基准点、基准线和水准点及有关资料，以书面形式交给承包人，并进行现场交验；提供图纸等其他与合同工程有关的资料。

④办理施工许可证及其他施工所需证件、批件和临时用地、停水、停电、中断道路交通、爆破作业等的申请批准手续。

⑤协调处理施工场地周围地下管线和邻近建筑物、构筑物（包括文物保护建筑）、古树名木的保护工作，承担有关费用。

⑥组织承包人和设计单位进行图纸会审和设计交底。

⑦按合同规定支付合同价款。

⑧按合同规定及时向承包人提供所需指令、批准等。

⑨按合同规定主持和组织工程的验收。

（六）施工承包合同中承包方的责任与义务

①按合同要求的质量、工期完成施工任务，并交付工程。

②按专用条款约定的数量和要求，向发包人提供施工场地办公和生活的房屋及设施，发包人承担由此发生的费用。

③遵守政府有关主管部门对施工场地交通、施工噪声以及环境保护和安全生产等的管理规定，按规定办理有关手续，并以书面形式通知发包人，发包人承担由此发生的费用，因承包人责任造成的罚款除外。

④接受发包人、工程师或其代表的指令。

⑤安全施工，保证施工人员的安全和健康；保持现场整洁；负责工地安全，看管进场材料、设备和未交工工程。

⑥负责对分包人的管理，并对分包人的行为负责。

⑦按专用条款约定做好施工场地地下管线和邻近建筑物、构筑物（包括文物保护建筑）、古树名木的保护工作。

⑧负责保修期内的工程维修。

⑨按时参加各种检查和验收。

（七）施工承包合同中对进度控制的要求

1. 合同工期的约定

工期是指发包人和承包人在协议书中约定，按照总日历天数（包括法定节假日）计算的承包天数。承发包双方必须在协议书中明确约定工期，包括开工日期和竣工日期。

2. 进度计划

承包人应按合同专用条款约定的日期，将施工组织设计和工程进度计划提交发包人，发包人按专用条款约定的时间予以确认或提出修改意见。但并不免除承包人对施工组织设计和工程进度计划本身的缺陷应承担的责任。

3. 发包人对进度计划的检查和监督

开工后，承包人必须按照发包人确认的进度计划组织施工，接受进度的检查和监督。检查和监督的依据一般是双方已经确认的月度进度计划。

实际进度与计划进度不符时，承包人应提出改进措施，经过发包人确认后执行。但是，对于因承包人自身的原因导致实际进度与计划进度不符时，所有的后果都应由承包人自行承担。

4. 暂停施工

因为发包人原因造成停工的，由发包人承担所发生的追加合同价款，赔偿承包人由此造成的损失，相应顺延工期；因承包人原因造成停工的，由承包人承担发生的费用，工期不予顺延。在施工过程中出现一些意外情况，如果需要承包人暂停施工的，承包人应该暂停施工，此时工期是否给予顺延，应视风险责任应由谁承担而确定。

5. 竣工验收

当工程按合同要求全部完成后，具备竣工验收条件，承包人按国家工程竣工验收的有关规定，向发包人提供完整的竣工资料和竣工验收报告。

发包人收到竣工验收报告后 28d 内组织验收，并在验收后 14d 内给予认可或提出修改意见，承包人应当按要求进行修改，并承担因自身原因造成修改的费用，中间交工工程的范围和竣工时间，由双方在专用条款内约定。

发包人收到承包人送交的竣工验收报告后 28d 内不组织验收，或者在组织验收后 14d 内不提出修改意见，则视为竣工验收报告已经被认可。发包人在收到承包人竣工验收报告后 28d 内不组织验收，从第 29d 起承担工程保管及一切意外责任。

（八）施工承包合同中对质量控制的要求

1. 工程质量标准

工程质量应当达到协议书约定的质量标准，质量标准的评定以国家或行业的质量检验评定标准为依据。双方对工程质量有争议，由双方同意的工程质量检测机构鉴定，所需要的费用以及因此造成的损失，由责任方承担。

2. 检查和返工

承包人应认真按照标准、规范和设计图纸要求以及工程师依据合同发出的指令施工，随时接受工程师的检查检验，为检查检验提供便利条件。

工程师的检查检验不应影响施工的正常进行。如影响施工正常进行，检查检验不合格时，影响正常施工的费用由承包人承担。除此之外，影响正常施工的追加合同价款由发包人承担，并相应顺延工期。

3. 隐蔽工程和中间验收

工程具备隐蔽条件或达到专用条款约定的中间验收部位，承包人进行自检，并在隐蔽或中间验收前 48h 以书面形式通知工程师验收。承包人准备验收记录，若验收合格，工程师在验收记录上签字后，承包人方可进行隐蔽和继续施工。若验收不合格，承包人则应在工程师限定的时间内修改后重新验收。

4. 重新检验

无论工程师是否进行验收，当其提出对已经隐蔽的工程重新检验的要求时，承包人都应按要求进行剥离或开孔，并在检验后重新覆盖或修复。若检验合格，发包人承担由此发生的全部追加合同价款，赔偿承包人损失，并相应顺延工期。若检验不合格，承包人承担发生的全部费用，工期不予顺延。

5. 工程试车

双方约定需要试车的，应当组织试车。试车有单机无负荷试车、联动无负荷试车和投料试车3种方式。

6. 竣工验收

工程未经竣工验收或竣工验收未通过的，发包人不得使用。发包人强行使用时，由此发生的质量问题及其他问题，由发包人承担责任。

7. 质量保修

承包人应按照法律、行政法规或国家关于工程质量保修的有关规定，以及合同中有关质量保修要求，对交付发包人使用的工程在质量保修期内承担质量保修责任。承包人应在工程竣工验收之前，与发包人签订质量保修书，作为合同附件，主要内容包括工程质量保修范围和内容、质量保修期、质量保修责任和质量保修金的支付方法等。

8. 材料设备供应

发包人应按合同约定提供材料设备，并向承包人提供产品合格证明，对其质量负责。发包人在所供材料设备到货前24h以书面形式通知承包人，由承包人派人与发包人共同清点。

发包人供应的材料设备，承包人派人参加清点后由承包人妥善保管，发包人支付相应保管费用。因承包人原因发生丢失损坏，由承包人负责赔偿。

发包人供应的材料设备使用前，由承包人负责检验或试验，不合格的不得使用，检验或试验费用由发包人承担。

承包人负责采购材料设备的，应按照专用条款约定及设计和有关标准要求采购，并提供产品合格证明，对材料设备质量负责。

承包人供应的材料设备使用前，承包人应按照工程师的要求进行检验或试验，不合格的不得使用，检验或试验费用由承包人承担。

根据工程需要，承包人需要使用代用材料时应经工程师认可后才能使用。

（九）施工承包合同中对费用控制的要求

1. 施工合同价款

施工合同价款的约定可以采用固定总价、可调总价、固定单价、可调单价以及成本加酬金合同等方式。

2. 工程预付款

实行工程预付款的，双方应当在专用条款内约定发包人向承包人预付工程款的时间和数额，开工后按约定的时间和比例逐次扣回。

3. 工程进度款

工程量确认，包括对承包人已完工程量进行计量、核实与确认，是发包人支付工程款的前提工作。

工程款（进度款）结算可以采用按月结算、按形象进度分段结算或者竣工后一次性结算等方式。

4. 变更价款的确定

承包人在工程变更确定后 14 d 内提出变更工程价款的报告，经工程师确认后调整合同价款。

5. 竣工结算

工程竣工验收报告经发包人认可后 28 d 内，承包人向发包人递交竣工结算报告及完整的结算资料，双方按照协议书约定的合同价款及专用条款约定的合同价款调整内容进行竣工结算。发包人收到承包人递交的竣工结算报告及结算资料后 28d 内进行核实，给予确认或者提出修改意见。发包人确认竣工结算报告后向承包人支付工程竣工结算价款。

6. 质量保修金

保修期满，承包人履行了保修义务，发包人应在质量保修期满后 14 d 内结算，将剩余保修金和按工程质量保修书约定银行利率计算的利息一起返还承包人。

（十）单价合同

单价合同是根据计划工程内容和估算工程量，在合同中明确每项工程内容的单位价格（如每米、每平方米或者每立方米的价格），实际支付时则根据每一个子项的实际完成工程量乘以该子项的合同单价计算该项工作的应付工程款。

单价合同又分为固定单价合同和变动单价合同。在固定单价合同条件下，无论发生哪些影响价格的因素都不对单价进行调整。当采用变动单价合同时，合同双方可以约定一个估计的工程量，当实际工程量发生较大变化时可以对单价进行调整，同时还应该约定如何对单价进行调整；当然也可以约定，当通货膨胀达到一定水平或者国家政策发生变化时，可以对哪些工程内容的单价进行调整以及如何调整等。

由于单价合同允许随工程量变化而调整工程总价，业主和承包商都不存在工程量方面的风险，因此对合同双方都比较公平。另外，在招标前，发包单位无须对工程范围做出完整的、详尽的规定，从而可以缩短招标准备时间，投标人也只需对所列工程内容报出自己的单价，从而缩短投标时间。

采用单价合同对业主的不足之处是，业主需要安排专门力量来核实已经完成的工程量，需要在施工过程中花费不少精力，协调工作量大。另外，用于计算应付工程款的实际工程量可能超过预测的工程量，即实际投资容易超过计划投资，对投资控制不利。

当施工发包的工程内容和工程量一时尚不能十分明确、具体地予以规定时，则可以采用单价合同形式。固定单价合同适用于工期较短、工程量变化幅度不太大的项目。

（十一）总价合同

根据合同规定的工程施工内容和有关条件，业主应付给承包商的款额是一个规定的金额，即明确的总价。总价合同也称作总价包干合同，即根据施工招标时的要求和条件，当施工内容和有关条件不发生变化时，业主付给承包商的价款总额就不发生变化。总价合同的特点是：

①发包单位可以在报价竞争状态下确定项目的总造价，可以较早确定或者预测工程成本。

②业主的风险较小，承包人将承担较多的风险。

③评标时易于迅速确定最低报价的投标人。

④在施工进度上能极大地调动承包人的积极性。

⑤发包单位能更容易、更有把握地对项目进行控制。

⑥必须完整而明确地规定承包人的工作。

⑦必须将设计和施工方面的变化控制在最小限度内。

（十二）固定总价合同

固定总价合同的价格计算是以图纸及规定、规范为基础，工程任务和内容明确，业主的要求和条件清楚，合同总价一次包死，固定不变，即不再因为环境的变化和工程量的增减而变化。在这类合同中，承包商承担了全部的工作量和价格的风险。因此，承包商在报价时应对一切费用的价格变动因素以及不可预见因素都做充分的估计，并将其包含在合同价格之中。固定总价合同适用于以下情况：

①工程量小、工期短，估计在施工过程中环境因素变化小、工程条件稳定并合理。

②工程设计详细，图纸完整、清楚，工程任务和范围明确。

③工程结构和技术简单，风险小。

④投标期相对宽裕，承包商可以有充足的时间详细考察现场、复核工程量，分析招标文件，拟订施工计划。

（十三）变动总价合同

变动总价合同又称为可调总价合同，合同价格是指以图纸及规定、规范为基础，按照时价进行计算，得到包括全部工程任务和内容的暂定合同价格。它是一种相对固定的价格，在合同执行过程中，通货膨胀等使所用工、料成本增加时，可以按照合同约定对合同总价进行相应的调整。当然，对一般由设计变更、工程量变化和其他工程条件变化所引起的费用变化也可以进行调整。因此，通货膨胀等不可预见因素的风险由业主承担，对承包商而言，其风险相对较小，但对业主而言，不利于其进行投资控制，投资的风险较大。

（十四）成本加酬金合同

成本加酬金合同也称为成本补偿合同，这是与固定总价合同正好相反的合同形式，工程施工的最终合同价格将按照工程的实际成本再加上一定的酬金进行计算。在合同签订时，工程实际成本往往不能确定，只能确定酬金的取值比例或者计算原则。

1. 成本加酬金合同的形式

成本加酬金合同主要有以下几种形式。

（1）成本加固定费用合同

根据双方讨论同意的工程规模、估计工期、技术要求、工作性质及复杂性、所涉及的风险等来考虑确定一笔固定数目的报酬金额作为管理费及利润，对人工、材料、机械台班等直接成本则实报实销。如果设计变更或增加新项目，当直接费超过原估算成本的一定比例时，固定的报酬也要增加。

（2）成本加固定比例费用合同

工程成本中直接费加一定比例的报酬费，报酬部分的比例在签订合同时由双方确定。这种方式的报酬费用总额随成本加大而增加，不利于缩短工期和降低成本。这种形式的合同一般在工程初期很难描述工作范围和性质，或工期紧迫，无法按常规编制招标文件招标时采用。

（3）成本加奖金合同

奖金是根据报价书中的成本估算指标确定的，在合同中对这个估算指标规定一个底点和顶点，承包商在估算指标的顶点以下完成工程则可得到奖金，超过顶点则要对超出部分支付罚款。如果成本在底点之下，则可加大酬金值或酬金百分比。采用这种方式通常规定，当实际成本超过顶点对承包商罚款时，最大罚款限额不超过原先商定的最高酬金值。

（4）最大成本加费用合同

最大成本加费用合同采用的是在工程成本总价合同基础上加固定酬金费用的方式，即当设计深度达到可以报总价的深度，投标人报一个工程成本总价和一个固定的酬金（包括各项管理费、风险费和利润）。如果实际成本超过合同中规定的工程成本总价，由承包商承担所有的额外费用，若实施过程中节约了成本，节约的部分归业主，或者由业主与承包商分享，在合同中要确定节约分成比例。

2.成本加酬金合同的特点

对业主而言，这种合同形式也有以下优点：

①可以通过分段施工缩短工期，而不必等待所有施工图完成才开始招标和施工。

②可以减少承包商的对立情绪，承包商对工程变更和不可预见条件的反应会比较积极和快捷。

③可以利用承包商的施工技术专家，帮助改进或弥补设计中的不足。

④业主可以根据自身力量和需要，较深入地介入和控制工程施工和管理。

⑤可以通过确定最大保证价格约束工程成本不超过某一限值，从而转移一部分风险。

对承包商来说，这种合同比固定总价合同的风险低，利润相对更有保证，因而承包商对采用这种合同形式比较有积极性。其缺点是合同的不确定性，由于设计未完成，无法准确确定合同的工程内容、工程量以及合同的终止时间，有时难以对工程计划进行合理安排。

3.成本加酬金合同的适用情况

①工程特别复杂，工程技术、结构方案不能预先确定，或者尽管可以确定工程技术和结构方案，但是不可能进行竞争性的招标活动并以总价合同或单价合同的形式确定承包商，如研究开发性质的工程项目。

②时间特别紧迫，来不及进行详细的计划和商谈如抢险、救灾工程。

（十五）担保

担保是为了保证债务的履行，确保债权的实现，在债务人的信用或特定的财产之上设定的特殊的民事法律关系。其法律关系的特殊性表现在担保的内容处于一种不确定的状态，即当债务人不按主合同之约定履行债务导致债权无法实现时，担保的权利和义务才能确定并成为现实。

我国担保法规定的担保方式有五种：保证、抵押、质押、留置和定金。建设工程中经常采用的担保种类有投标担保、履约担保、预付款担保和支付担保等。

1. 投标担保

投标担保也称投标保证金，指投标人保证中标后履行签订承发包合同的义务，否则，招标人将对投标保证金予以没收。

投标担保的主要目的是保护招标人不因中标人不签约而蒙受经济损失。投标担保要确保投标人在投标有效期内不要撤回投标书，以及投标人在中标后保证与业主签订合同并提供业主所要求的履约担保、预付款担保等。另外，投标担保在一定程度上还可以起筛选投标人的作用。

投标担保可以采用保证担保、抵押担保等方式，其具体的形式通常有：现金、保兑支票、银行汇票、现金支票、不可撤销信用证、银行保函、由保险公司或者担保公司出具的投标保证书。

2. 履约担保

履约担保是指招标人在招标文件中规定的要求中标的投标人提交的保证履行合同义务和责任的担保。有效期始于工程开工之日，终止日期则可以约定为工程竣工交付之日或者保修期满之日。如果确定履约担保的终止日期为工程竣工交付之日，则需要另外提供工程保修担保。

履约担保将在很大程度上促使承包商履行合同约定，完成工程建设任务，从而有利于保护业主的合法权益。一旦承包人违约，担保人要代为履约或者赔偿经济损失。

履约担保可以采用银行保函或者履约担保书的形式。在保修期内，工程保修担保可以采用预留保留金的方式。

3. 预付款担保

预付款担保是指承包人与发包人签订合同后领取预付款之前，为保证正确、合理使用发包人支付的预付款而提供的担保。

预付款担保的主要作用在于保证承包人能够按合同规定进行施工，偿还发包人已支付的全部预付金额。如果承包人中途毁约，中止工程，使发包人不能在规定期限内从应付工程款中扣除全部预付款，则发包人作为保函的受益人有权凭预付款担保向银行索赔该保函的担保金额作为补偿。

预付款担保的形式可以采用银行保函或双方约定的其他形式，如担保公司提供保证担保或抵押担保等担保形式。

4.支付担保

支付担保是中标人要求招标人提供的保证履行合同中约定的工程款支付义务的担保。

工程款支付担保的作用在于：通过对业主资信状况进行严格审查并落实各项担保措施，确保工程费用及时支付到位；一旦业主违约，付款担保人将代为履约。

支付担保通常采用如下形式：银行保函、履约保证金、担保公司担保。

二、施工承包合同的管理

（一）合同管理制度的内容

公路工程合同的复杂性和经济性决定了合同潜在的风险较大，为了规避、化解风险，施工方必须建立完整的合同管理制度，使施工合同的谈判、签订、履行等各环节实现科学化、规范化、程序化和模块化。具体来讲，应建立和完善如下合同管理制度：

①合同管理相关部门的部门职责和工作岗位制度。

②合同管理的授权和内部会签制度。

③合同审查批准制度。

④印鉴及证书管理使用制度。

⑤合同管理绩效考核制度。

⑥合同档案管理制度。

（二）施工合同订立的程序

施工合同与其他合同的订立程序相同，建设工程合同的订立也要采取要约和承诺方式。根据《中华人民共和国招标投标法》对招、投标的规定，招标、投标、中标的过程实质就是要约、承诺的一种具体方式。招标人通过媒体发布招标公告，或向符合条件的投标人发出招标文件，为要约邀请；投标人根据招标文件内容在约定的期限内向招标人提交投标文件，为要约；招标人通过评标确定中标人，发出中标通知书，为承诺；招标人和中标人按照中标通知书、招标文件和中标人的投标文件等订立书面合同时，合同成立并生效。

（三）工程施工承包合同谈判的主要内容

1.关于工程内容和范围的确认

招标人和中标人可就招标文件中的某些具体工作内容进行讨论、修改、明确或细化，从而确定工程承包的具体内容和范围。在谈判中双方达成一致的内容，包括在谈判讨论中经双方确认的工程内容和范围方面的修改或调整，应以文字方式确定下来，并以"合同补遗"或"会议纪要"方式作为合同附件，并明确它是构成合同的一部分。

2.关于技术要求、技术规范和施工技术方案

招标人和中标人可对技术要求、技术规范和施工技术方案等进行进一步讨论和确认，必要的情况下甚至可以变更技术要求和施工方案。

3.关于合同价格条款

招标人一般在招标文件中会明确规定合同将采用什么计价方式，在合同谈判阶段往往没有讨论合同价格条款的余地。但在可能的情况下，中标人在谈判过程中仍然可以提出降低风险的改进方案。

4.关于价格调整条款

对于工期较长的建设工程，容易遭受货币贬值或通货膨胀等因素的影响，可能给承包人造成较大损失。价格调整条款可以比较公正地解决这一承包人无法控制的风险损失。

5.关于合同款支付方式的条款

建设工程施工合同的付款分四个阶段进行，即预付款、工程进度款、最终付款和退还保留金。关于支付时间、支付方式、支付条件和支付审批程序等有很多种可能的选择，并且可能对承包人的成本、进度等产生比较大的影响，因此，合同支付方式的有关条款是谈判的重要方面。

6.关于工期和维修期

中标人与招标人可根据招标文件中要求的工期，或者根据投标人在投标文件中承诺的工期，并考虑工程范围和工程量的变动而产生的影响来商定一个确定的工期。同时，还要明确开工日期、竣工日期等。双方可根据各自的项目准

备情况、季节和施工环境因素等条件洽商适当的开工时间。

合同文本中应当对维修工程的范围、维修责任及维修期的开始和结束时间有明确的规定，承包人只应承担因材料和施工方法及操作工艺等不符合合同规定而产生的缺陷。

承包人应力争以维修保函来代替业主扣留的保留金。与保留金相比，维修保函对承包人有利，主要是因为可提前取回被扣留的现金，而且保函是有时效的，期满将自动作废。

7. 合同条件中其他特殊条款的完善

合同条件中其他特殊条款主要包括：关于合同图纸的条款；关于违约罚金和工期提前奖金的条款；关于工程量验收以及衔接工序和隐蔽工程施工的验收程序的条款；关于施工占地的条款；关于向承包人移交施工现场和基础资料的条款；关于工程交付的条款；预付款保函的自动减额条款；等等。

（四）工程施工承包合同及其管理

1. 工程施工承包合同签订时承包方应进行的工作

（1）对合同风险进行评估

在签订合同之前，承包人应对合同的合法性、完备性、合同双方的责任、权益以及合同风险进行评审、认定和评价。

（2）清理合同文件内容

工程施工承包合同文件由以下部分构成：合同协议书；工程量及价格；合同条件，包括合同一般条件和合同特殊条件；投标文件；合同技术条件（含图纸）；中标通知书；双方代表共同签署的合同补遗（有时也以合同谈判会议纪要形式）；招标文件；其他双方认为应该作为合同组成部分的文件，如投标阶段业主要求投标人澄清问题的函件和承包人所做的文字答复、双方往来函件等。

承包方应对所有在招标投标及谈判前后各方发出的文件、文字说明、解释性资料进行清理。对凡是与上述合同构成内容有矛盾的文件，应宣布作废。可以在双方签署的合同补遗中，对此做出排除性质的声明。

（3）审核合同协议的补遗文件

在合同谈判阶段，双方谈判的结果一般以合同补遗的形式，有时也可以以合同谈判纪要形式，形成书面文件。同时应该注意的是，工程施工承包合同必须遵守法律。对于违反法律的条款，即使由合同双方达成协议并签了字，也不受法律保障。

（4）签订合同

双方在合同谈判结束后，应按上述内容和形式形成一个完整的合同文本草案，经双方代表认可后形成正式文件。双方核对无误后，由双方代表草签，至此合同谈判阶段即告结束。此时，承包人应及时准备和递交履约保函，准备正式签署施工承包合同。

2. 施工承包合同分析

合同分析是从合同执行的角度去分析、补充和解释合同的具体内容和要求，将合同目标和合同规定落实到合同实施的具体问题和具体时间上，用以指导具体工作，使合同能符合日常工程管理的需要，使工程能按合同要求实施。

（1）合同分析的目的和作用

合同分析的目的和作用体现在以下几个方面：

①分析合同中的漏洞，解释有争议的内容。在合同起草和谈判过程中，双方都会力争完善，但仍然难免会有所疏漏，通过合同分析，找出漏洞，可以作为履行合同的依据。

在合同执行过程中，合同双方有时也会发生争议，往往是因对合同条款的理解不一致所造成的，通过分析，可就合同条文达成一致理解，从而解决争议。在遇到索赔事件后，合同分析也可以为索赔提供理由和根据。

②分析合同风险，制订风险对策。不同的工程合同，其风险的来源和风险量的大小都不同，要根据合同进行分析，并采取相应的对策。

③合同任务分解、落实。在实际工程中，合同任务需要分解落实到具体的工程小组或部门、人员身上，要将合同中的任务进行分解，将合同中与各部分任务相对应的具体要求明确，然后落实到具体的工程小组或部门、人员身上，以便于实施与检查。

（2）合同分析的内容

①合同的法律基础，即合同签订和实施的法律背景。通过分析，承包人了解适用于合同的法律的基本情况（范围、特点等），用以指导整个合同实施和索赔工作。对合同中明示的法律应重点分析。

②承包人的主要任务，即合同的标的，指承包人在设计、采购、制作、试验、运输、土建施工、安装、验收、试生产、缺陷责任期维修等方面的主要责任。

工作范围，通常由合同中的工程量清单、图纸、工程说明、技术规范所定义。工程范围的界限应明确，否则会影响工程变更和索赔，特别对固定总价合同。

在合同实施过程中，变更程序非常重要，通常要制作工程变更工作流程图，并交付相关的职能人员。

工程变更的补偿范围，通常以合同金额一定的百分比表示。通常这个百分比越大，承包人的风险越大。

工程变更的索赔有效期，由合同具体规定，一般为 28 d，也有 14 d 的。一般这个时间越短，对承包人管理水平的要求越高，对承包人越不利。

③发包人的责任，主要指发包人（业主）的合作责任。其责任通常包括如下几方面：业主雇用工程师并委托其在授权范围内履行业主的部分合同责任；业主和工程师有责任对平行的各承包人和供应商之间的责任界限做出划分，对这方面的争执做出裁决，对他们的工作进行协调，并承担管理和协调失误造成的损失；及时做出承包人履行合同所必需的决策，如下达指令、履行各种批准手续、做出认可、答复请示，完成各种检查和验收手续等；提供施工条件，如及时提供设计资料、图纸、施工场地、道路等；按合同规定及时支付工程款，及时接收已完工程等。

④对于合同价格，应重点分析以下内容：合同所采用的计价方法及合同价格所包括的范围；合同价格的调整，即费用索赔的条件、价格调整方法、计价依据、索赔有效期规定；拖欠工程款的合同责任；工程量计量程序；工程款结算（包括进度付款、竣工结算、最终结算）方法和程序。

⑤施工工期。在实际工程中，工期拖延极为常见和频繁，而且对合同实施和索赔的影响很大，所以要特别重视。

⑥对于违约责任，通常应分析以下内容：承包人不能按合同规定工期完成工程的违约金或承担业主损失的条款；因管理上的疏忽造成对方人员和财产损失的赔偿条款；因预谋或故意行为造成对方损失的处罚和赔偿条款等；承包人不履行或不能正确地履行合同责任，或出现严重违约时的处理规定；业主不履行或不能正确地履行合同责任，或出现严重违约时的处理规定，特别是对业主不及时支付工程款的处理规定。

⑦验收、移交和保修。验收包括许多内容，如材料和机械设备的现场验收、隐蔽工程验收、单项工程验收、全部工程竣工验收等。在合同分析中，应对重要的验收要求、时间、程序以及验收所带来的法律后果作说明。

移交作为一个重要的合同事件，同时又是一个重要的法律概念。它表示：业主认可并接收工程，承包人工程施工任务的完结；工程所有权的转让；承包人工程照管责任的结束和业主工程照管责任的开始；保修责任的开始；合同规定的工程款支付条款有效。

⑧对于索赔程序和争执的解决，主要分析以下内容：索赔的程序；争议的

解决方式和程序；仲裁条款，包括仲裁所依据的法律，仲裁地点方式和程序，仲裁结果的约束力；等等。

（五）施工合同交底

合同交底是由合同管理人员在对合同的主要内容进行分析、向各层次管理者做解释和说明的基础上，通过组织项目管理人员和各个工程小组学习合同条文和合同总体分析结果，使大家都树立全局观念，了解合同双方的合同责任和工作范围，使大家熟悉合同中的主要内容、规定、管理程序，了解各种行为的法律后果，使大家树立全局观念，使各项工作协调一致，避免执行中的违约行为。合同交底的任务如下：

①对合同的主要内容达成一致理解。

②将各种合同事件的责任分解落实到各工程小组或分包人身上。

③将工程项目和任务分解，明确其质量和技术要求以及实施的注意要点等。

④明确各项工作或各个工程的工期要求。

⑤明确成本目标和消耗标准。

⑥明确相关事件之间的逻辑关系。

⑦明确各个工程小组（分包人）之间的责任界限。

⑧明确完不成任务的影响和法律后果。

⑨明确合同有关各方（如业主、监理工程师）的责任和义务。

（六）施工合同跟踪

为保证合同的顺利履行，承包商应对合同进行跟踪。施工合同跟踪，一方面是指承包单位的合同管理职能部门对合同执行者（项目经理部或项目参与人）的履行情况进行的跟踪、监督和检查，另一方面是指合同执行者（项目经理部或项目参与人）本身对合同计划的执行情况进行的跟踪、检查与对比。在合同实施过程中二者缺一不可。合同跟踪的对象主要包括以下三个方面。

1. 承包的任务

①工程施工的质量，包括材料、构件、制品和设备等的质量，以及施工或安装质量，是否符合合同要求。

②工程进度是否在预定期限内施工，工期有无延长，延长的原因是什么。

③工程数量是否按合同要求完成全部施工任务，有无合同规定以外的施工任务。

④成本的增加和减少。

2. 工程小组或分包人的工作

可以将工程施工任务分解交由不同的工程小组或发包给专业分包人完成，工程承包人必须对这些工程小组或分包人及其所负责的工程进行跟踪检查，提出意见、建议或警告，保证工程总体质量和进度。

对于专业分包人的工作和负责的工程，总承包商负有协调和管理的责任，并承担由此造成的损失，所以专业分包人的工作和负责的工程必须纳入总承包工程的计划和控制中，防止因分包人工程管理失误而影响全局。

3. 业主和其委托的工程师的工作

①业主是否及时、完整地提供了工程施工的实施条件，如场地、图纸、资料等。

②业主和工程师是否及时给予了指令、答复和确认等。

③业主是否及时并足额地支付了应付的工程款项。

（七）合同实施的偏差分析

1. 合同实施偏差分析的内容

承包商通过合同跟踪，可能会发现合同实施中存在着偏差，应该及时分析原因，采取措施，纠正偏差，避免损失。合同实施偏差分析的内容包括以下几个方面。

①产生偏差的原因分析。承包商通过对合同执行实际情况与实施计划的对比分析，不仅可以发现合同实施的偏差，而且可以探索引起差异的原因。原因分析可以采用鱼刺图、因果关系分析图（表）、成本量差、价差、效率差分析等方法定性或定量地进行。

②合同实施偏差的责任分析，即分析产生合同偏差的原因是由谁引起的，应该由谁承担责任。责任分析必须以合同为依据，按合同规定落实双方的责任。

③合同实施趋势分析。针对合同实施偏差情况，承包商可以采取不同的措施，但在采取措施前，应分析在不同措施下合同执行的结果与趋势，包括：

a. 最终的工程状况，包括总工期的延误、总成本的超支、质量标准、所能达到的生产能力（或功能要求）等；

b. 承包商将承担什么样的后果，如被罚款、被清算，甚至被起诉，对承包商资信、企业形象、经营战略的影响等；

c. 最终工程经济效益（利润）水平。

2. 根据合同实施偏差分析的结果，承包商可采取的调整措施

①组织措施，如增加人员投入、调整人员安排、调整工作流程和工作计划等。

②技术措施，如变更技术方案、采用新的高效率的施工方案等。

③经济措施，如增加投入、采取经济激励措施等。

④合同措施，如进行合同变更、签订附加协议、采取索赔手段等。

（八）工程变更

1. 工程变更的类型

工程变更一般是指在工程施工过程中，根据合同约定对施工的程序、工程的内容、数量、质量要求及标准等做出的变更，如设计变更、进度计划变更、施工条件变更以及原招标文件和工程量清单中未包括的新增工程变更。工程变更是合同变更的一种特殊形式。

根据《公路工程标准施工招标文件》（2018 年版）规定，工程变更有如下几种类型：

①取消合同中任何一项工作，但被取消的工作不能转由发包人或其他人实施，由于承包人违约造成的情况除外。

②改变合同中任何一项工作的质量或其他特性。

③改变合同工程的基线、高程、位置或尺寸。

④改变合同中任何一项工作的施工时间或改变已批准的施工工艺或顺序。

⑤为完成工程需要追加的额外工作。

2. 工程变更产生的原因

①业主新的变更指令及对建筑的新要求，如业主有新的意图、修改项目计划、削减项目预算等。

②因设计人员、监理方人员、承包商事先没有很好地理解业主的意图，或设计的错误，导致图纸修改。

③工程环境的变化，预定的工程条件不准确，要求实施方案或实施计划变更。

④因产生新技术和知识，有必要改变原设计、原实施方案或实施计划，或因业主指令及业主责任造成承包商施工方案改变。

⑤政府部门对工程的新要求，如国家计划变化、环境保护要求、城市规划变动等。

⑥因合同实施出现问题，必须调整合同目标或修改合同条款。

3. 工程变更提出与确认的程序

在工程实施过程中，设计方、业主方、承包商都可以根据需要提出工程变更。

①由设计方提出的工程变更应该与业主协商或经业主审查并批准；批准后按照业主方变更管理程序进行。

②由业主方提出的工程变更，涉及设计修改的应该与设计单位协商，并一般通过监理工程师发出。

在合同履行过程中，可能发生合同约定变更情形的，监理工程师可向承包人发出变更意向书。变更意向书应说明变更的具体内容和发包人对变更的时间要求，并附必要的图纸和相关资料。变更意向书应要求承包人提交包括拟实施变更工作的计划、措施和竣工时间等内容的实施方案。发包人同意承包人根据变更意向书要求提交变更实施方案的，由监理工程师按合同约定发出变更指示。

在合同履行过程中，发生合同约定变更情形的，监理工程师应按照合同约定向承包人发出变更指示。

若承包人收到监理工程师的变更意向书后认为难以实施此项变更，应立即通知监理工程师，对其说明原因并附详细依据。监理工程师与承包人和发包人协商后确定撤销、改变或不改变原变更意向书。

③承包商提出的工程变更，应该交予监理工程师审查并批准。

承包人收到监理工程师按合同约定发出的图纸和文件，经检查认为其中存在合同约定变更情形的，可向监理工程师提出书面变更建议。变更建议应阐明要求变更的依据，并附必要的图纸和说明。监理工程师在收到承包人书面建议后，应与发包人共同研究，确认存在变更的，应在收到承包人书面建议后的 14 d 内做出变更指示。经研究后不同意作为变更的，应由监理工程师书面答复承包人。

在履行合同过程中，承包人对发包人提供的图纸、技术要求以及其他方面提出的合理化建议，均应以书面形式提交监理工程师。合理化建议书的内容应包括建议工作的详细说明、进度计划和效益以及与其他工作的协调等，并附必要的设计文件。监理工程师应与发包人协商是否采纳建议。建议被采纳并构成变更的，应按合同约定向承包人发出变更指示。

④承包人提出的合理化建议缩短了工期的，发包人应按合同条款中"工期提前"的规定给予奖励；承包人提出的合理化建议降低了合同价格或者提高了工程经济效益的，发包人应按项目专用合同条款数据表中规定的金额给予奖励。

4. 工程变更审批的一般程序

（1）一般工程变更的审批程序

所谓一般工程变更，通常是指一些小型的监理工程师有权直接批准的工程变更工作，其审批程序大致如下：

①工程变更的提出人向驻地监理工程师提出工程变更的申请，包括变更的原因、工程变更对造价的影响分析等，必要时附上有关的变更设计资料。

②驻地监理工程师对变更申请的可行性进行评估，并写出初步的审查意见。

③总监理工程师对驻地监理工程师审查的变更申请进行进一步的审定，并签署审批意见。总监理工程师签署工程变更令。

④承包单位组织变更工程的施工（包括可能的设计工作）。

⑤监理工程师和承包人协商确定变更工程的造价及办理有关的结算工作。

（2）重要工程变更的审批程序

重要工程变更通常是指对工程造价影响较大、需要业主批准的工程变更。其审批程序是：监理工程师在下达工程变更令之前，一是要报业主批准，二是要同承包人协商确定变更工程的价格不超过业主批准的范围。如果超过业主批准的总额，监理工程师应在下达工程变更令之前，请求业主做进一步的批准或授权。

（3）重大工程变更的审批程序

重大工程变更通常是指一些对工程造价的影响很大，可能超出设计概算（甚至投资估算）的工程变更。对这些工程变更工作，业主在审批工程变更之前应事先取得国家计划主管部门的批准。

5. 工程变更的责任划分

①因业主要求、政府部门要求、环境变化、不可抗力、原设计错误等导致的设计修改，应该由业主承担责任。由此所造成的施工方案的变更以及工期的延长和费用的增加应该向业主索赔。

②因承包人的施工过程、施工方案出现错误、疏忽而导致的设计修改，应该由承包人承担责任。

③因承包人的施工过程、施工方案本身的缺陷而导致了施工方案的变更，由此所引起的费用增加和工期延长应该由承包人承担责任。

④签订合同后业主为了加快工期、提高质量等要求变更施工方案，由此所引起的费用增加可以向业主索赔。

6.工程变更的估价方法

①除专用合同条款对期限另有约定外，承包人应在收到变更指示或变更意向书后的 14 d 内，向监理工程师提交变更报价书。报价内容应根据合同约定的估价原则，详细开列变更工作的价格组成及其依据，并附必要的施工方法说明和有关图纸。

②变更工作影响工期的，承包人应提出调整工期的具体细节。监理工程师认为有必要时，可要求承包人提交要求提前或延长工期的施工进度计划及相应施工措施等详细资料。

③除专用合同条款对期限另有约定外，监理工程师应在收到承包人变更报价书后的 14 d 内，根据合同约定的估价原则，按照合同约定商定或确定变更价格。

7.工程变更的估价原则

根据《公路工程标准施工招标文件》（2018 年版）的有关规定，变更工程应根据其完成的数量及相应的单价来办理结算。其中，变更工程的单价原则，一是约定优先原则，二是公平合理原则。除专用合同条款另有约定外，因变更引起的价格调整按照如下约定处理：

①如果取消某项工作，则该项工作的总额价不予支付。

②已标价工程量清单中有适用于变更工作的子目的，采用该子目的单价。

③已标价工程量清单中无适用于变更工作的子目，但有类似子目的，可在合理范围内参照类似子目的单价，由监理工程师按合同约定商定或确定变更工作的单价。

④已标价工程量清单中有适用或类似子目的单价，可在综合考虑承包人在投标时所提供的单价分析表的基础上，由监理人按合同约定商定或确定变更工作的单价。

（九）公路工程价款的主要结算方式

①按月结算方式，即对建设项目或单项工程实行旬末或月中预支或不预支、月终结算、竣工后清算的方式。跨年度竣工的工程，在年终进行工程盘点，办理年度结算。

②竣工后一次结算方式。对于建设项目或单项工程全部建筑安装工程建设期在 12 个月以内，或者工程承包价值在 100 万元以下的，可以实行工程价款每月月中预支、竣工后一次结算的方式。

③分段结算方式，即对当年开工、当年不能竣工的单项工程或单位工程按

照工程进度，划分不同阶段进行结算的方式。分段结算可以按月预支工程款。

④目标结算方式，即在工程合同中，将承包工程的内容分解成不同的控制界面，以业主验收界面作为支付工程价款的前提条件的结算方式。也就是说，将合同中的工程内容分解成不同的验收单元，当承包商完成单元工程内容并经业主（或其委托人）验收后，业主支付构成单元工程内容的工程价款。

⑤双方约定的其他结算方式。

（十）公路工程进度款的支付程序

①承包人应在每个付款周期末，按监理人批准的格式和专用合同条款约定的份数，向监理人提交进度付款申请单，并附相应的支持性证明文件。除专用合同条款另有约定外，进度付款申请单应包括下列内容：截至本次付款周期末已实施工程的价款、应增加和扣减的变更金额、应增加和扣减的索赔金额、应支付的预付款和扣减的返还预付款、应扣减的质量保证金、根据合同应增加和扣减的其他金额。

②监理人在收到承包人进度付款申请单以及相应的支持性证明文件后的14天内完成核查，提出发包人到期应支付给承包人的金额以及相应的支持性材料，经发包人审查同意后，由监理人向承包人出具经发包人签认的进度付款证书。监理人有权扣发承包人未能按照合同要求履行任何工作或义务的相应金额。

③如果该付款周期应结算的价款经扣留和扣回后的款额少于项目专用合同条款数据表中列明的进度付款证书的最低金额，则该付款周期监理人可不核证支付，上述款额将按付款周期结转，直至累计应支付的款额达到项目专用合同条款数据表中列明的进度付款证书的最低金额为止。

④发包人应在监理人收到进度付款申请单后的28 d内，将进度应付款支付给承包人。发包人不按期支付的，按专用合同条款数据表中约定的利率向承包人支付逾期付款违约金。违约金的计算基数为发包人的全部未付款额，时间从应付而未付该款额之日算起。

⑤监理人出具进度付款证书，不应视为监理人已同意、批准或接受了承包人完成的该部分工作。

⑥进度付款涉及政府投资资金的，按照国库集中支付等国家相关规定和专用合同条款的约定办理。

（十一）可调价合同的工程价款价差调整的主要方法

①工程造价指数调整法。甲乙双方采用当时的预算（或概算）定额单价计算承包合同价，待竣工时，应根据合理的工期及当地工程造价管理部门所公布

的该月度（或季度）的工程造价指数，对原承包合同价予以调整。

②实际价格调整法。甲乙双方采取按实际价格结算的方法时，应根据地方主管部门定期发布的最高限价进行调整。同时，合同文件中应规定建设单位或监理工程师有权要求承包商选择更廉价的供应来源。

③调价文件计算法。甲乙双方按当时的预算价格承包时，在合同期内，应按造价管理部门调价文件的规定，进行抽料补差（按所完成的材料用量乘以价差）。

④调值公式法。此种调值公式一般包括固定部分、材料部分和人工部分3项。

（十二）预付款的使用与管理的要求

1. 开工预付款

开工预付款的金额应在项目专用条款数据表中约定。在承包人签订了合同协议书并提交了开工预付款保函后，监理工程师应在当期进度付款证书中向承包人支付开工预付款的 70% 的价款；在承包人承诺的主要设备进场后，再支付预付款的 30% 的价款。

承包人不得将该预付款用于与本工程无关的支出。监理工程师有权监督承包人对该项费用的使用，如经查实承包人滥用开工预付款，发包人有权立即通过向银行发出通知收回开工预付款保函的方式，将该款收回。

2. 材料、设备预付款

材料、设备预付款应按项目专用合同条款数据表中所列主要材料、设备单据费用（进口的材料、设备为到岸价，国内采购的为出厂价或销售价，地方材料为堆场价）的百分比支付，其预付条件为：

①材料、设备符合规范要求并经监理工程师认可。

②承包人已出具材料、设备费用凭证或支付单据。

③材料、设备已在现场交货，且存储良好，监理工程师认为材料、设备的存储方法符合要求，则监理工程师应将此项金额作为材料、设备预付款计入下一次的进度付款证书中。

在预计竣工前 3 个月，将不再支付材料、设备预付款。

3. 开工预付款保函

除项目专用合同条款另有约定外，承包人应在收到开工预付款前向发包人提交开工预付款保函。开工预付款保函的担保金额应与开工预付款金额相同。

出具保函的银行必须与合同规定的要求相同，所需费用由承包人承担。银行保函的正本由发包人保存，该保函在发包人将开工预付款全部扣回之前一直有效，担保金额可根据开工预付款扣回的金额相应递减。

4. 开工预付款的扣回与还清

开工预付款在进度付款证书的累计金额未达到签约合同价的 30% 之前不予扣回。在达到签约合同价 30% 之后，开始按工程进度以固定比例分期从各月的进度付款证书中扣回。全部金额在进度付款证书的累计金额达到签约合同价的 80% 时扣完。

当材料、设备已用于或安装在永久工程之中时，材料、设备预付款应从进度付款证书中扣回，扣回期不超过 3 个月。已经支付材料、设备预付款的材料、设备的所有权应属于发包人。工程竣工时所有剩余的材料、设备所有权应属于承包人。

（十三）质量保证金的支付与返还

监理工程师应从第一个付款周期开始，在发包人的进度付款中，按项目专用合同条款数据表规定的百分比扣留质量保证金，直至扣留的质量保证金总额达到项目专用合同条款数据表规定的限额为止。质量保证金的计算额度不包括预付款的支付以及扣回的金额。

在合同条款约定的缺陷责任期满时，承包人向发包人申请到期应返还承包人剩余的质量保证金金额，发包人应在 14 d 内会同承包人按照合同约定的内容核实承包人是否完成缺陷责任。如无异议，发包人应当在核实后将剩余保证金返还承包人。

在合同条款约定的缺陷责任期满时，承包人没有完成缺陷责任的，发包人有权扣留与未履行责任剩余工作所需金额相应的质量保证金余额，并有权根据合同条款约定要求延长缺陷责任期，直到完成剩余工作为止。

第二节 公路工程施工分包合同的内容与管理

一、分包概述

（一）分包的定义与形式

分包是指承包人经监理人审查并取得发包人批准后，将其所承包工程或工作的一部分委托给其他承包人承担的施工行为。根据《公路工程标准施工招标文件》（2018 年版）的规定，分包可分为专业分包和劳务分包两种形式。

专业分包是指承包人与具有相应资质的施工企业签订专业分包合同，由分包人承担承包人委托的分部工程、分项工程或适合专业化队伍施工的其他工程，整体结算，并能独立控制工程质量、施工进度、材料采购、生产安全的施工行为。

劳务分包是指承包人与具有劳务分包资质的劳务企业签订劳务分包合同，由劳务企业提供劳务人员及机具，由承包人统一组织施工，统一控制工程质量、施工进度、材料采购、生产安全的施工行为。

（二）分包的有关规定

1.分包的一般规定

①承包人不得将其承包的全部工程转包给第三人，或将其承包的全部工程肢解后以分包的名义转包给第三人。

②承包人不得将主体、关键性工作分包给第三人。经发包人同意，承包人可将工程的其他部分或工作分包给第三人。分包包括专业分包和劳务分包。

③承包人应与分包人就分包工程向发包人承担连带责任。

④发包人对承包人与分包人之间的法律与经济纠纷不承担任何责任和义务。

2.分包的特殊规定

（1）专业分包时除符合一般规定外，还必须遵守的规定

①允许专业分包的工程范围仅限于非关键性工程或适合专业化队伍施工的工程，专业分包的工程量累计不得超过总工程量的30%。

②专业分包人的资格能力（含安全生产能力）应与其分包工程的标准和规模相适应。

③专业分包工程不得再次分包。

④承包人和专业分包人应当依法签订专业分包合同，并按照合同履行约定的义务。专业分包合同必须明确约定工程款支付条件、结算方式以及保证按期支付的相应措施，确保工程款的支付。

⑤承包人对施工现场安全负总责，并对专业分包人的安全生产进行培训和管理。专业分包人应将其专业分包工程的施工组织设计和施工安全方案报承包人备案。专业分包人对分包施工现场安全负责，发现事故隐患，应及时处理。

⑥所有专业分包计划和专业分包合同应报监理人审批，并报发包人核备。专业分包合同不免除承包合同中规定的承包人的责任或义务。

（2）劳务分包除符合一般规定外，还必须遵守的规定

①劳务分包人应具有施工劳务资质。

②劳务分包应当依法签订劳务分包合同，劳务分包合同必须由承包人的法定代表人或其委托代理人与劳务分包人直接签订，不得由他人代签。承包人的项目经理部、项目经理、施工班组等不具备用工主体资格，不能与劳务分包人签订劳务分包合同。承包人应向发包人和监理人提交劳务分包合同副本并报项目所在地劳动保障部门备案。

③承包人雇佣的劳务作业人员应加入承包人的施工班组统一管理。有关施工质量、施工安全、施工进度、环境保护、技术方案、试验检测、材料保管与供应、机械设备等都必须由承包人管理与调配，不得以包代管。

④承包人应当对劳务分包人进行安全培训和管理，劳务分包人不得将其分包的劳务作业再次分包。

二、专业分包合同的内容与管理

（一）专业分包合同的内容与特点

专业分包合同示范文本的结构、主要条款和内容与施工承包合同相似，包括词语定义与解释，双方的一般权利和义务，分包工程的施工进度控制、质量控制、费用控制，分包合同的监督与管理，信息管理，组织与协调，施工安全管理与风险管理等。

分包合同内容的特点是既要保持与主合同条件中相关分包工程部分的规定的一致性，又要区分负责实施分包工程的当事人变更后的两个合同之间的差异。分包合同所采用的语言文字和适用的法律、行政法规及工程建设标准一般应与主合同相同。

（二）专业分包合同中承包人的主要责任和义务

①承包人应提供总包合同（有关承包工程的价格内容除外）供专业分包人查阅。专业分包人应全面了解总包合同的各项规定（有关承包工程的价格内容除外）。

②承包人应按分包合同的约定，及时向专业分包人提供所需的指令、批准、图纸并履行其他约定的义务，否则专业分包人应在约定时间后24h内将具体要求、需要的理由及延误的后果通知承包人。承包人应在收到通知后48h内给予答复，否则承包人应承担因延误造成的损失。

③承包人应向专业分包人提供与分包工程相关的各种证件、批件和各种相关资料，向专业分包人提供具备施工条件的施工场地。

④承包人应组织专业分包人参加发包人组织的图纸会审，向专业分包人进行设计图纸交底。

⑤承包人应提供合同专用条款中约定的设备和设施，并承担因此发生的费用。

⑥承包人应随时为专业分包人提供确保分包工程的施工所要求的施工场地和通道等，满足施工运输的需要，保证施工期间的畅通。

⑦承包人应负责整个施工场地的管理工作，协调专业分包人与同一施工场地的其他分包人之间的交叉配合，确保专业分包人按照经批准的施工组织设计进行施工。

（三）专业分包合同中专业分包人的主要责任和义务

①除合同条款另有约定外，专业分包人应履行并承担总包合同中与分包工程有关的承包人的所有义务与责任，同时应避免因专业分包人自身行为或疏漏造成承包人违反总包合同中约定的承包人义务的情况发生。

②专业分包人应服从承包人转发的发包人或工程师与分包工程有关的指令。未经承包人允许，专业分包人不得以任何理由与发包人或工程师发生直接工作联系，专业分包人不得直接致函发包人或工程师，也不得直接接受发包人或工程师的指令。例如，专业分包人与发包人或工程师发生直接工作联系，将被视为违约，并承担违约责任。

③就分包工程范围内的有关工作，承包人随时可以向专业分包人发出指令，专业分包人应执行承包人根据分包合同所发出的所有指令。若专业分包人拒不执行指令，承包人可委托其他施工单位完成该指令事项，发生的费用则应从付给专业分包人的相应款项中扣除。

④专业分包人应按照分包合同的约定，对分包工程进行设计（分包合同有约定时）、施工、竣工和保修。

⑤在合同约定的时间内，专业分包人向承包人提交详细的施工组织设计，承包人应在专用条款约定的时间内批准，专业分包人方可执行；专业分包人应向承包人提供年、季、月度工程进度计划及相应进度统计报表。

⑥遵守政府有关主管部门对施工场地交通、施工噪声以及环境保护和安全文明生产等的管理规定，按规定办理有关手续，并以书面形式通知承包人，承包人承担由此发生的费用，因专业分包人责任造成的罚款除外。

⑦专业分包人应允许承包人、发包人、工程师及其三方中任何一方授权的人员在工作时间内，合理进入分包工程施工场地或材料存放的地点，以及施工场地以外与分包合同有关的专业分包人的任何工作或准备的地点，专业分包人应提供方便。

⑧已竣工工程未交付承包人之前，专业分包人应负责已完分包工程的成品保护工作，保护期间发生损坏，专业分包人自费予以修复；承包人要求专业分包人采取特殊措施保护的工程部位和相应的追加合同价款，双方在合同专用条款内约定。

三、劳务分包合同的内容与管理

（一）劳务分包合同的内容

①劳务分包人资质情况。

②劳务分包工作对象及提供劳务内容；分包工作期限；质量标准。

③工程承包人义务；劳务分包人义务。

④材料、设备供应。

⑤保险。

⑥工时及工程量的确认；劳务报酬及支付。

⑦施工配合。

⑧禁止转包或再分包等。

（二）劳务分包合同中承包人的主要责任和义务

①组建与工程相适应的项目管理班子，全面履行总（分）包合同，组织实施项目管理的各项工作，对工程的工期和质量向发包人负责。

②完成劳务分包人施工前期的下列工作：向劳务分包人交付具备本合同

项下劳务作业开工条件的施工场地；完成水、电、热、电信等管线施工，并满足完成本合同劳务作业所需的能源供应、通信及施工道路畅通的时间和质量要求；向劳务分包人提供相应的工程资料；向劳务分包人提供生产、生活临时设施。

③负责编制施工组织设计，统一制订各项管理目标，组织编制年、季、月施工计划、物资需用量计划表，实施对工程质量、工期、安全生产、文明施工、计量检测、实验化验的控制、监督、检查和验收。

④负责工程测量定位、沉降观测、技术交底，组织图纸会审，统一安排技术档案资料的收集整理及交工验收。

⑤按时提供图纸，及时交付材料、设备。所提供的施工机械设备、周转材料、安全设施应满足施工需要。

⑥按合同约定，向劳务分包人支付劳动报酬。

⑦负责与发包人、监理、设计及有关部门联系，协调现场工作关系。

（三）劳务分包合同中劳务分包人的主要责任和义务

①对劳务分包范围内的工程质量向承包人负责，组织具有相应资格证书的熟练工人投入工作；未经承包人授权或允许，不得擅自与发包人及有关部门建立工作联系；自觉遵守法律法规及有关规章制度。

②严格按照设计图纸、施工验收规范、有关技术要求及施工组织设计精心组织施工，确保工程质量达到约定的标准。其具体内容包括：科学安排作业计划，投入足够的人力、物力，保证工期；加强安全教育，认真执行安全技术规范，严格遵守安全制度，落实安全措施，确保施工安全；加强现场管理，严格执行建设主管部门及环保、消防、环卫等有关部门对施工现场的管理规定，做到文明施工；承担因自身责任造成质量修改、返工、工期拖延、安全事故、现场脏乱而产生的损失及各种罚款。

③自觉接受承包人及有关部门的管理、监督和检查；接受承包人随时检查其设备、材料的保管和使用情况，及操作人员的持证上岗情况；与现场其他单位协调配合，照顾全局。

④劳务分包人应服从承包人转发的发包人及工程师的指令。

⑤除非合同另有约定，劳务分包人应对其作业内容的实施、完工负责，劳务分包人应承担并履行总（分）包合同约定的、与劳务作业有关的所有义务及工作程序。

（四）劳务分包保险的规定

①劳务分包人施工开始前，承包人应获得发包人为施工场地内的自有人员及第三方人员生命财产办理的保险，且不需劳务分包人支付保险费用。

②运至施工场地用于劳务施工的材料和待安装设备，由承包人办理或获得保险，且不需劳务分包人支付保险费用。

③承包人必须为租赁或提供给劳务分包人使用的施工机械设备办理保险，并支付保险费用。

④劳务分包人必须为从事危险作业的职工办理意外伤害保险，并为施工场地内自有人员生命财产和施工机械设备办理保险，支付保险费用。

四、承包人对分包工程的成本控制、进度控制、质量控制和安全管理

（一）成本控制

首先，承包人无论采用何种计价方式，都可以通过竞争方式降低分包工程的合同价格，从而降低承包工程的施工总成本。其次，在对分包工程款的支付审核方面，承包人通过严格审核实际完成工程量，建立工程款支付与工程质量和工程实际进度挂钩的联动审核方式，可以有效防止超付和早付。

（二）进度控制

承包人应该根据施工总进度计划提出分包工程的进度要求，向施工分包单位明确分包工程的进度目标。承包人应该要求施工分包单位按照分包工程的进度目标要求建立详细的分包工程施工进度计划，通过审核，判断其是否合理，是否符合施工总进度计划的要求，并在工程进展过程中严格控制其执行。

（三）质量控制和安全管理

在分包工程施工前，承包人应该向分包人明确施工质量要求，要求施工分包人建立质量保证体系，编制质量保证和安全管理措施，经审查批准后再进行分包工程的施工。

在施工过程中，承包人应严格检查施工分包人的质量保证与安全管理体系和措施的落实情况，并根据总包单位自身的质量保证体系控制分包工程的施工质量。分包工程应该在承包人和分包人自检合格的基础上提交业主方检查和验收。

第三节　公路工程施工合同索赔管理

一、索赔概述

（一）索赔与反索赔

索赔是指在施工合同履行过程中，合同一方因对方不履行或不适当履行合同义务而遭受损失时向对方提出的经济与时间补偿的要求，它是承包人和发包人保护自身正当权益、弥补工程损失的一种重要而有效的手段。广义的索赔既包括承包商向业主提出的索赔，也包括业主向承包商提出的反索赔。承包商的索赔一般是关于工期、质量和价款的争议，业主向承包商的反索赔一般是承包商承建项目未达到规定质量标准、工程拖期等原因引起的。

反索赔就是反驳、反击或者防止对方提出的索赔，不让对方索赔成功或者全部成功。一般认为，索赔是双向的，业主和承包商都可以向对方提出索赔要求，任何一方也都可以对对方提出的索赔要求进行反驳和反击，这种反击和反驳就是反索赔。

（二）引起索赔的原因

①合同对方违约，不履行或未能正确履行合同义务与责任。

②合同错误，如合同条文不全、错误、矛盾和设计图纸、技术规范错误等。

③合同变更。

④工程环境变化，包括法律、物价和自然条件的变化等。

⑤不可抗力因素，如恶劣气候条件、地震、洪水、战争状态等。

（三）索赔的分类

①工程延期索赔，因即发包人未按合同要求提供施工条件，或者发包人指令工程暂停或不可抗力事件等造成工期拖延，承包人向发包人提出的索赔。因承包人的责任导致工期拖延的，发包人可以向承包人提出索赔；因非分包人的责任导致工期拖延的，分包人可以向承包人提出索赔。

②工程加速索赔，即因发包人指令承包人加快施工进度，缩短工期，引起承包人的人力、物力、财力的额外开支，承包人对此向发包人提出的索赔。因承包人指令分包人加快进度，分包人也可以对此向承包人提出索赔。

③工程变更索赔，即因发包人指令增加或减少工程量或增加附加工程、修改设计、变更施工顺序等造成工期延长和费用增加，承包人对此可以向发包人提出的索赔。分包人也可以对此向承包人提出索赔。

④工程终止索赔，即因发包人违约或发生了不可抗力事件等造成工程非正常终止，承包人和分包人因蒙受经济损失而向发包人提出的索赔。若因承包人或者分包人的责任导致工程非正常终止，或者合同无法继续履行，发包人可以对此提出索赔。

⑤不可预见的外部障碍或条件索赔，即施工期间在现场遇到一个有经验的承包商通常不能预见的外界障碍或条件，例如地质条件与预计的（业主提供的资料）不同，出现未预见的岩石、淤泥或地下水等，给承包人造成损失，这类风险通常应该由发包人承担，即承包人可以据此提出索赔。

⑥不可抗力事件引起的索赔，不可抗力通常是满足以下条件的特殊事件或情况：一方无法控制的、该方在签订合同前不能对之进行合理防备的、发生后该方不能合理避免或克服的、不主要归因于他方的。不可抗力事件的发生给承包人造成的损失，通常应该由发包人承担，即承包人可以据此提出索赔。

⑦其他索赔，如货币贬值、汇率变化、物价变化、政策法令变化等原因引起的索赔。

二、施工合同中的索赔

（一）承包商向业主索赔的可能原因

1. 因合同文件引起的索赔
①有关合同文件的组成问题引起的索赔。
②关于合同文件有效性引起的索赔。
③因图纸或工程量表中的错误而引起的索赔。

2. 有关工程施工的索赔
①地质条件变化引起的索赔。
②工程中人为障碍引起的索赔。
③增减工程量的索赔。
④各种额外的试验和检查费用的偿付。
⑤工程质量要求的变更引起的索赔。

⑥指定分包商违约或延误造成的索赔。

⑦其他有关施工的索赔。

3. 关于价款方面的索赔

①关于价格调整方面的索赔。

②关于货币贬值和严重经济失调导致的索赔。

③拖延支付工程款的索赔。

4. 关于工期的索赔

①关于延长工期的索赔。

②由于延误产生损失的索赔。

③赶工费用的索赔。

5. 特殊风险和人力不可抗拒灾害的索赔

（1）特殊风险的索赔

特殊风险的索赔一般是指因战争、敌对行动、入侵等风险造成合同无法继续履行而引起的索赔。

（2）人力不可抗拒灾害的索赔

人力不可抗拒灾害主要是指自然灾害，由这类灾害造成的损失应向承保的保险公司索赔。在许多合同中承包人以业主和承包人共同的名义投保工程一切险，这种索赔可同业主一起进行。

6. 工程暂停、终止合同的索赔

施工过程中，工程师有权下令暂停全部或任何部分工程，只要这种暂停命令并非承包人违约或其他意外风险造成的，承包人不仅可以得到要求工期延长的权利，而且可以就其停工损失获得合理的额外费用补偿。

终止合同和暂停工程的意义是不同的。有些是因意外风险造成的损害十分严重而终止合同，也有些是由"错误"引起的合同终止，例如，业主认为承包人不能履约而终止合同，甚至从工地驱逐该承包人。

7. 财务费用补偿的索赔

财务费用补偿的索赔，是指对因各种原因使承包人财务开支增大而导致贷款利息等财务费用增加所提出的补偿要求。

（二）业主可以向承包商索赔费用和（或）利润的情况

承包商未按合同要求实施工程，发生下列损害业主权益或违约的情况时，业主可索赔费用和（或）利润。

①工程进度太慢，要求承包商赶工时，可索赔工程师的加班费。

②合同工期已到而工程仍未完工，可索赔误期损害赔偿费。

③质量不满足合同要求，如承包商不按照工程师的指示拆除不合格工程和材料、不进行返工或不按照工程师的指示在缺陷责任期内修复缺陷，则业主可找另一家公司完成此类工作，并向承包商索赔成本及利润。

④质量不满足合同要求，工程被拒绝接收，在承包商自费修复后，业主可索赔重新检验费。

⑤未按合同要求办理保险，业主可前去办理并扣除或索赔相应的费用。

⑥因合同变更或其他原因造成工程施工的性质、范围或进度计划等方面发生变化，承包商未按合同要求去及时办理保险，由此造成的损失或损害可向承包商索赔。

⑦承包商未按合同要求采取合理措施，造成运输道路、桥梁等的破坏。

⑧承包商未按合同条件要求，无故不向分包商付款。

⑨承包商严重违背合同（如工程进度一拖再拖、质量经常不合格等），工程师一再警告而没有明显改进时，业主可没收履约保函。

（三）承包人向业主或发包方索赔成立的前提条件

索赔的成立，应该同时具备以下三个前提条件：

①与合同对照，事件已造成了承包人工程项目成本的额外支出，或直接工期损失。

②造成费用增加或工期损失的原因，按合同约定不属于承包人的行为责任或风险责任。

③承包人按合同规定的程序和时间提交索赔意向通知和索赔报告。

（四）索赔的依据

①合同文件。合同文件是索赔的最主要依据，包括合同协议书、中标通知书、投标书及其附件、合同专用条款、合同通用条款、标准、规范及有关技术文件、图纸、工程量清单、工程报价单或预算书。在合同履行的过程中，发包人与承包人有关工程的洽商、变更等书面协议或文件应视为合同文件的组成部分。

②订立合同所依据的法律法规。施工承包合同文件适用国家的法律和行政法规。需要明示的法律、行政法规，由双方在专用条款中约定。适用国家标准、规范的名称也应在专用条款内约定。

③工程建设的惯例。

（五）索赔的证据

索赔的证据是当事人用来支持其索赔成立或与索赔有关的证明文件和资料。索赔的证据应该具有真实性、及时性、全面性、关联性、有效性。常见的工程索赔证据有以下多种类型：

①各种合同文件，包括施工合同协议书及其附件、中标通知书、投标书、标准和技术规范、图纸、工程量清单、工程报价单或者预算书、有关技术资料和要求、施工过程中的补充协议等。

②工程各种往来函件、通知、答复，各种会谈纪要，工地的交接记录（应注明交接日期，场地平整情况，水、电、路情况等），图纸和各种资料交接记录。

③经过发包人或者工程师批准的承包人的施工进度计划、施工方案、施工组织设计和现场实施情况记录。

④气象报告和资料，如有关温度、风力、雨雪的资料，以及与工程有关的照片和录像等。

⑤施工现场记录，包括有关设计交底、设计变更、施工变更指令，工程材料和机械设备的采购、验收与使用等方面的凭证及材料供应清单、合格证书，工程现场水、电、道路等开通、封闭的记录，停水、停电等各种干扰事件的时间和影响记录，以及施工日记、备忘录等。

⑥发包人或者工程师签认的签证；发包人或者工程师发布的各种书面指令和确认书，以及承包人的要求、请求、通知书；工程中的各种检查验收报告和各种技术鉴定报告。

⑦市场行情资料，包括市场价格、官方的物价指数、中国人民银行（简称"央行"）的外汇比率等公布材料。

⑧投标前发包人提供的参考资料和现场资料。

⑨工程结算资料、财务报告、财务凭证和各种会计核算资料等。

⑩国家法律、法令、政策文件。

（六）承包人向发包人索赔的一般步骤

1.索赔意向通知

发生索赔事件时，承包人在合同规定时间内将索赔意向用书面形式及时通知发包人或者工程师，向对方表明索赔愿望、要求或者声明保留索赔权利。索赔意向通知要简明扼要地说明索赔事由发生的时间、地点、简单事实情况描述和发展动态、索赔依据和理由、索赔事件的不利影响等。

2. 索赔资料的准备

在索赔资料准备阶段，主要工作有：跟踪和调查干扰事件，掌握事件产生的详细经过；分析干扰事件产生的原因，划清各方责任，确定索赔根据；损失或损害调查分析与计算，确定工期索赔和费用索赔值；搜集证据，获得充分而有效的各种证据；起草索赔文件。

3. 索赔文件的提交

提出索赔的一方应该在合同规定的时限内向对方提交正式的书面索赔文件。索赔文件的主要内容包括以下几个方面：总述部分（概要论述索赔事项发生的日期和过程；承包人为该索赔事项付出的努力和附加开支；承包人的具体索赔要求）、论证部分（索赔报告的关键部分，其目的是说明自己有索赔权，是索赔能否成立的关键）、索赔款项（或工期）计算部分、证据部分。

4. 索赔文件的审核

对于承包人向发包人的索赔请求，索赔文件首先应该交由工程师审核。工程师根据发包人的委托或授权，对承包人索赔的审核工作主要分为判定索赔事件是否成立和核查承包人的索赔计算是否正确、合理两个方面，并可在授权范围内做出判断：初步确定补偿额度，或者要求补充证据，或者要求修改索赔报告等。对索赔的初步处理意见要提交发包人。

5. 发包人审查

对于工程师的初步处理意见，发包人需要进行审查和批准，然后工程师才可以签发有关证书。如果索赔额度超过了工程师权限范围时，应由工程师将审查的索赔报告报请发包人审批，并与承包人谈判解决。

6. 协商

对于工程师的初步处理意见，发包人和承包人可能都不接受或者其中的一方不接受，三方可就索赔的解决进行协商，达成一致。如果经过努力无法就索赔事宜达成一致意见，则发包人和承包人可根据合同约定选择采用仲裁或者诉讼方式解决。

（七）索赔的具体费用项目

原则上说，承包商有索赔权利的工程成本增加，是可以索赔的。但是，对于不同原因引起的索赔，承包商可索赔的具体费用项目是不完全一样的。哪些项目可索赔，要按照各项费用的特点、条件进行分析论证。

1. 人工费

对于索赔费用中的人工费部分而言，人工费是指完成合同之外的额外工作所花费的人工费用，如因非承包商责任的工效降低所增加的人工费用、超过法定工作时间的加班费用、法定人工费增长以及非承包商责任使工程延期导致的人员窝工费和工资上涨费等。

2. 材料费

材料费的索赔包括：因索赔事项材料实际用量超过计划用量而增加的材料费；因客观原因导致材料价格大幅度上涨而增加的费用；因非承包商责任使工程延期导致的材料价格上涨和超期储存费用。材料费应包括运输费、仓储费以及合理的损耗费用。

3. 施工机械使用费

施工机械使用费的索赔包括：因完成额外工作增加的机械使用费；因非承包商责任工效降低增加的机械使用费；因业主或监理工程师原因导致机械停工的窝工费。

4. 分包费用

分包费用索赔指的是分包商的索赔费，一般也包括人工、材料、机械使用费的索赔。分包商的索赔应如实列入总承包商的索赔款总额以内。

5. 现场管理费

索赔款中的现场管理费是指承包商完成额外工程、索赔事项工作以及工期延长期间的现场管理费，包括管理人员的工资、办公费、通信费、交通费用等。

6. 利息

在索赔款额的计算中，经常包括利息。利息的索赔通常发生于下列情况：直接费、间接费、分包费、总部管理费和利润；付款的利息；错误扣款的利息。

7. 总部（企业）管理费

索赔款中的总部管理费主要指工程延期期间所增加的管理费，包括总部职工工资、办公大楼、办公用品、财务管理、通信设施以及总部领导人员赴工地检查指导工作等开支。

8. 利润

一般来说，因工程范围的变更、文件有缺陷或技术性错误、业主未能提供现场等引起的索赔，承包商可以列入利润。但对于工程暂停的索赔，由于利润通常是包括在每项实施工程内容的价格之内的，而延长工期并未影响削减某些项目的实施，也未导致利润减少。所以，监理工程师一般很难同意在工程暂停的费用索赔中加入利润损失。

（八）费用索赔的计算方法

费用索赔的计算方法有：实际费用法、总费用法和修正的总费用法。

1. 实际费用法

实际费用法的计算原则是以承包商为某项索赔工作所支付的实际开支为根据，向业主要求费用补偿。用实际费用法计算时，在直接费的额外费用部分的基础上，再加上应得的间接费和利润，即为承包商应得的索赔金额。由于实际费用法所依据的是实际发生的成本记录或单据，所以，在施工过程中，系统而准确地积累记录资料是非常重要的。

2. 总费用法

总费用法就是当发生多次索赔事件以后，重新计算该工程的实际总费用，实际总费用减去投标报价时的估算总费用，即为索赔金额。这种方法只有在难以采用实际费用法时才应用。

3. 修正的总费用法

修正的总费用法是对总费用法的改进，即在总费用计算的原则上，去掉一些不合理的因素，使其更合理。修正的内容如下：

①将计算索赔款的时段局限于受到外界影响的时间，而不是整个施工期。

②只计算受影响时段内的某项工作所受影响的损失，而不是计算该时段内所有施工工作所受的损失。

③与该项工作无关的费用不列入总费用中。

④对投标报价费用重新进行核算：按受影响时段内该项工作的实际单价乘以实际完成的该项工作的工程量进行核算，得出调整后的报价费用。

（九）工期索赔的计算方法

1. 直接法

如果某干扰事件直接发生在关键线路上，造成总工期的延误，可以直接将该干扰事件的实际干扰时间（延误时间）作为工期索赔值。

2. 比例分析法

如果某干扰事件仅仅影响某单项工程、单位工程或分部分项工程的工期，要分析其对总工期的影响，可以采用比例分析法。采用比例分析法时，可以按工程量的比例进行分析，也可以按照造价的比例进行分析。

3. 网络分析法

假设工程按照双方认可的工程网络计划确定的施工顺序和时间施工，当某个或某几个干扰事件发生后，使网络中的某个工作或某些工作受到影响，使其持续时间延长或开始时间推迟，从而影响总工期，则将这些工作受干扰后的新的持续时间和开始时间等代入网络中，重新进行网络分析和计算，得到的新工期与原工期之间的差值就是干扰事件对总工期的影响，也就是承包商可以提出的工期索赔值。

网络分析方法通过分析干扰事件发生前和发生后网络计划的计算工期之差来计算工期索赔值，可以用于各种干扰事件和多种干扰事件共同作用所引起的工期索赔。

三、施工合同中的反索赔

（一）反索赔的工作内容

反索赔的工作内容包括两个方面：一是防止对方提出索赔，二是反击或反驳对方的索赔要求。

要成功地防止对方提出索赔，应采取积极防御的策略。首先是自己严格履行合同规定的各项义务，防止自己违约，并通过加强合同管理，使对方找不到索赔的理由和根据，使自己处于不能被索赔的地位。其次，如果在工程实施过程中发生了干扰事件，则应立即着手研究和分析合同依据，搜集证据，为提出索赔和反索赔做好两手准备。

如果对方提出了索赔要求或索赔报告，则自己一方应采取各种措施来反击或反驳对方的索赔要求。常用的措施有：

①抓对方的失误，直接向对方提出索赔，以对抗或平衡对方的索赔要求，以求在最终解决索赔时互相让步或者互不支付。

②针对对方的索赔报告，进行仔细、认真研究和分析，找出理由和证据，证明对方的索赔要求或索赔报告存在不符合实际情况和合同规定，没有合同依据或事实证据，索赔值计算不合理或不准确等问题，反击对方的不合理索赔要求，推卸或减轻自己的责任，使自己不受或少受损失。

（二）索赔报告的反击

①审查索赔要求或报告的时限性。审查对方是否在干扰事件发生后的索赔时限内及时提出索赔要求或报告。

②审查索赔事件的真实性。

③干扰事件的原因、责任分析。如果干扰事件确实存在，则要通过对事件的调查分析，确定原因和责任。如果事件责任属于索赔者自己，则索赔不能成立，如果合同双方都有责任，则应按各自的责任大小分担损失。

④索赔理由分析。分析对方的索赔要求是否与合同条款或有关法规一致，所受损失是否属于非对方负责的原因造成。

⑤索赔证据分析。分析对方所提供的证据是否真实、有效、合法，是否能证明索赔要求成立。若证据不足、不全、不当、没有法律证明效力或没有证据，则索赔不能成立。

⑥索赔值审核。审核的重点是索赔值的计算方法是否合情合理、各种取费是否合理适度、有无重复计算、计算结果是否准确等。

第四章　公路工程施工质量管理

第一节　公路工程施工质量管理概述

一、质量管理的基本概念

（一）质量和工程质量

质量是指一组固有特性满足要求的程度。就工程质量而言，其固有特性通常包括使用功能、寿命以及可靠性、安全性、经济性等特性，这些特性满足要求的程度越高，质量就越好。在工程项目中，工程质量包括狭义和广义两个方面的含义。狭义的工程质量指工程项目的施工质量，广义的工程质量除施工质量外，还包括工序质量和工作质量。

1. 施工质量

施工质量是指保证承建工程的使用价值，也就是指保证施工工程的适用性。质量应与项目的使用相适应，在确定质量标准时，应在满足使用功能的前提下，考虑技术可能性、经济合理性、安全可靠性和与环境协调性等因素。

2. 工序质量

工序质量也称生产过程质量。工程质量的形成必须经历一个过程，而过程的每一阶段又可视为过程的子过程，所以，只有抓好每一阶段（每一道工序）的质量，才能保证工程的整体质量。过程质量包括开发设计过程质量、施工过程质量、使用过程质量与服务过程质量四个过程质量。

3. 工作质量

工作质量是指与质量有关的各项工作对产品质量、服务质量、过程质量的保证程度。它也是施工企业生产经营活动各项工作的总质量。工作质量的特点是难以直接地、定量地描述和衡量。一般来说，工作质量的好坏可以通过工作的成果（或效果）间接反映。例如，广泛使用的合格率、错漏检率、返修率、投诉率、满意率等就是这一类工作质量的考察指标。

（二）质量管理

质量管理是在质量方面指挥和控制组织的协调活动。这些活动通常包括建立和确定质量方针和质量目标，并在质量管理体系中通过质量策划、质量控制、质量保证和质量改进等手段来实施全部质量管理职能，从而实现质量目标的所有活动。组织必须通过建立质量管理体系实施质量管理。其中，质量方针是组织最高管理者的质量宗旨、经营理念和价值观的反映。在质量方针的指导下，组织通过编制质量手册、程序性管理文件和质量记录，进而落实组织制度，合理配置各种资源，明确各级管理人员在质量活动中的责任分工与权限界定等，形成组织质量管理体系的运行机制，保证整个体系的有效运行，从而实现质量目标。

（三）质量控制

质量控制是质量管理的一部分而不是全部。质量控制是在明确的质量目标和具体的条件下，通过行动方案和资源配置的计划、实施、检查和监督，进行质量目标的事前预控、事中控制和事后纠偏控制，实现预期质量目标的一系列相关活动。这些活动主要包括：

①设定标准：规定要求，确定需要控制的区间、范围、区域。
②测量结果：测量满足所设定标准的程度。
③评价：评价控制的能力和效果。
④纠偏：对不满足设定标准的偏差，及时纠偏，保持控制能力的稳定性。

（四）全面质量管理

全面质量管理的主要特点是以顾客满意为宗旨，领导参与质量方针和目标的制定，提倡预防为主、科学管理、用数据说话等。这种方法的基本原理就是强调在企业或组织最高管理者的质量方针指引下，实行全面、全过程和全员参与的质量管理。建设工程项目的质量管理，同样应体现"三全"（全面、全过程、全员参与）管理的思想和方法。

1. 全面的质量管理

建设工程项目的全面质量管理是指建设工程项目参与各方所进行的工程项目质量管理的总称，其中包括工程质量和工作质量的全面管理。工作质量是产品质量的保证，工作质量直接影响产品质量的形成。业主、监理单位、勘察单位、设计单位、施工总承包单位、施工分包单位、材料设备供应商等，任何一方、任何环节的怠慢疏忽或质量责任不到位都会造成对建设工程质量的不利影响。

2. 全过程的质量管理

全过程质量管理是指根据工程质量的形成规律，从源头抓起，全过程推进。要控制的主要过程有项目策划与决策过程、勘察设计过程、施工采购过程、施工组织与准备过程、检测设备控制与计量过程、施工生产的检验试验过程、工程质量的评定过程、工程竣工验收与交付过程、工程回访维修服务过程等。

3. 全员参与的质量管理

组织的最高管理者确定质量方针和目标，组织内部的每个部门和工作岗位都承担着相应的质量职能，开展全员参与质量管理就是运用目标管理方法，将组织的质量总目标逐级进行分解，使之形成自上而下的质量目标分解体系和自下而上的质量目标保证体系，发挥组织系统内部每个工作岗位、部门或团队在实现质量总目标过程中的作用。

（五）质量管理的 PDCA 循环

PDCA 循环是指按照计划、实施、检查、处置这样四个阶段的顺序循环不止地进行管理的一种科学的管理工作程序，它是在长期的生产实践和理论研究中形成的建立质量体系和进行质量管理的基本方法。从某种意义上说，管理就是确定任务目标，并通过 PDCA 循环实现预期目标。每一循环都围绕着实现预期的目标，进行计划、实施、检查和处置活动，随着对存在问题的解决和改进，在一次一次的滚动循环中逐步上升，不断增强质量能力，不断提高质量水平。每一个循环的四大职能活动相互联系，共同构成了质量管理的系统过程。

1. 计划

计划由目标和实现目标的手段组成，质量管理的计划职能，包括确定质量目标和编制实现质量目标的行动方案两方面。质量计划的严谨周密、经济合理和切实可行，是保证工作质量、产品质量和服务质量的前提条件。

建设工程项目的质量计划，是由项目参与各方根据其在项目实施中所承担的任务、责任范围和质量目标，确定质量控制的组织制度、工作程序、技术方法、业务流程、资源配置、检验试验要求、质量记录方式、不合格处理、管理措施等具体内容和做法的质量管理文件。

2. 实施

实施职能在于将质量的目标值，通过生产要素的投入、作业技术活动和产出过程，转换为质量的实际值。为保证工程质量的产出或形成过程能够达到预期的结果，在各项质量活动实施前，要根据质量管理计划进行行动方案的部署和交底。交底的目的在于使具体的作业者和管理者明确计划的意图和要求，掌握质量标准及其实现的程序与方法。在质量活动的实施过程中，则要求严格执行计划的行动方案，规范行为，把质量管理计划的各项规定和安排落实到具体的资源配置和作业技术活动中去。

3. 检查

对计划实施过程进行的各种检查，包括作业者自检、互检和专职管理者专检。各类检查也都包含两大方面：一是检查是否严格执行了计划的行动方案、实际条件是否发生了变化，以及不执行计划的原因；二是检查计划执行的结果，即产出的质量是否达到标准的要求，并对此进行确认和评价。

4. 处置

对于质量检查所发现的质量问题或质量不合格，及时进行原因分析，采取必要的措施，予以纠正，保持工程质量形成过程的受控状态。处置分为纠偏和预防改进两个方面。前者是采取有效措施，解决当前的质量偏差、问题或事故；后者是将目前质量状况信息反馈到管理部门，反思问题症结或计划时的不周，确定改进目标和措施，为今后类似质量问题的预防提供借鉴。

二、工程质量的影响因素

工程质量的影响因素，主要是指在工程质量目标的策划、决策和实现过程中影响质量形成的各种客观因素和主观因素，包括人的因素、技术因素、管理因素、环境因素和社会因素等。

（一）人的因素

人的因素对工程质量形成的影响，取决于两个方面：一是指直接履行工程项目质量职能的决策者、管理者和作业者个人的质量意识及质量活动能力；二是指承担工程项目策划、决策或实施的组织的质量管理体系及其管理能力。前者是个体的人，后者是群体的人。

（二）技术因素

影响工程质量的技术因素涉及的内容十分广泛，包括直接的工程技术和辅助的生产技术。对于具体的工程项目，应主要通过技术工作的组织与管理，优化技术方案，发挥技术因素对工程质量的保证作用。

（三）管理因素

影响工程质量的管理因素，主要是决策因素和组织因素。其中，决策因素首先是业主方的工程项目决策，其次是工程项目实施过程中，实施主体的各项技术决策和管理决策。

管理因素中的组织因素，包括工程项目实施的管理组织和任务组织。管理组织是指工程项目管理的组织架构、管理制度及其运行机制。任务组织是指对工程项目实施的任务及其目标进行分解、发包、委托，以及对实施任务所进行的计划、指挥、协调、检查和监督等一系列工作过程。

（四）环境因素

对于工程质量控制而言，直接影响工程质量的环境因素，一般是指工程项目所在地点的水文、地质和气象等自然环境，施工现场的通风、照明、安全卫生防护设施等劳动作业环境，以及由多单位、多专业交叉协同施工的管理关系、组织协调方式、质量控制系统等构成的管理环境。

（五）社会因素

影响工程质量的社会因素，包括工程法律法规的健全程度及其执法力度、工程项目法人或业主的理性化程度以及工程经营者的经营理念、建筑市场包括建设工程交易市场和建筑生产要素市场的发育程度及交易行为的规范程度、政府的工程质量监督及行业管理成熟程度、建设咨询服务业的发展程度及其服务水准的高低、廉政建设及行风建设的状况等。

对于工程项目管理者而言，人、技术、管理和环境因素，是可控因素；社会因素存在于工程项目系统之外，一般情形下属于不可控因素，但可以通过自身的努力，尽可能做到趋利去弊。

三、质量控制体系的建立

（一）工程质量控制体系的性质

工程质量控制体系既不是业主方也不是施工方的质量管理体系或质量保证体系，而是工程项目目标控制的一个工作系统，其性质如下：

①工程质量控制体系是以工程项目为对象，由工程项目实施的总组织者负责建立的面向项目对象开展质量控制的工作体系。

②工程质量控制体系是工程项目管理组织的一个目标控制体系，它与项目投资控制、进度控制、职业健康安全与环境管理等目标控制体系共同依托于同

一项目管理的组织机构。

③工程质量控制体系根据工程项目管理的实际需要而建立，随着工程项目的完成和项目管理组织的解体而消失，因此，它是一个一次性的质量控制工作体系，不同于企业的质量管理体系。

（二）工程质量控制体系与组织机构质量管理体系的不同

1.建立的目的不同

工程质量控制体系只用于特定的工程项目质量控制，而不是用于建筑企业或组织的质量管理，其建立的目的不同。

2.服务的范围不同

工程质量控制体系涉及工程项目实施过程所有的质量责任主体，而不只是某一个承包企业或组织机构，其服务的范围不同。

3.控制的目标不同

工程质量控制体系的控制目标是工程项目的质量目标，并非某一具体建筑企业或组织的质量管理目标，其控制的目标不同。

4.作用的时效不同

工程质量控制体系与工程项目管理组织系统相融合，是一次性的质量工作体系，并非永久性的质量管理体系，其作用的时效不同。

5.评价的方式不同

工程质量控制体系的有效性一般由工程项目管理的总组织者进行自我评价与诊断，不需进行第三方认证，其评价的方式不同。

（三）工程质量控制体系的结构形态

工程质量控制体系，一般形成多层次、多单元的结构形态。多层次结构是对应于工程项目系统纵向垂直分解的单项、单位工程质量控制体系的。多单元结构是指在工程项目质量控制总体系下，第二层次的质量控制体系及其以下的质量自控或保证体系可能有多个。这是工程质量目标、责任和措施分解的必然结果。

（四）工程质量控制体系建立的原则

1.分层次规划原则

工程质量控制体系的分层次规划，是指工程项目管理的总组织者（建设单位或代建制项目管理企业）和承担项目实施任务的各参与单位，分别进行不同层次和范围的工程质量控制体系规划。

2. 目标分解原则

工程质量控制系统总目标的分解，是根据控制系统内工程项目的分解结构，将工程项目的建设标准和质量总体目标分解到各个责任主体，明示于合同条件，由各责任主体编制出相应的质量计划，确定其具体的控制方式和控制措施。

3. 质量责任制原则

工程质量控制体系的建立，应按照《中华人民共和国建筑法》和《建设工程质量管理条例》有关建设工程质量责任的规定，界定各方的质量责任范围和控制要求。

4. 系统有效性原则

工程质量控制体系，应从实际出发，结合项目特点、合同结构和项目管理组织系统的构成情况，建立项目各参与方共同遵循的质量管理制度和控制措施，并形成有效的运行机制。

（五）工程质量控制体系建立的程序

1. 建立系统质量控制网络

工程质量控制体系的建立，首先应明确系统各层面的工程质量控制负责人，一般包括承担项目实施任务的项目经理（或工程负责人）、总工程师，项目监理机构的总监理工程师、专业监理工程师等，以形成明确的工程质量控制责任者的关系网络架构。

2. 制定质量控制制度

质量控制制度包括质量控制例会制度、协调制度、报告审批制度、质量验收制度和质量信息管理制度等。工程质量控制体系的管理文件或手册，是承担工程项目实施任务各方主体共同遵循的管理依据。

3. 分析质量控制界面

工程质量控制体系的质量责任界面，包括静态界面和动态界面。静态界面一般根据法律法规、合同条件、组织内部职能分工来确定。动态界面主要是指项目实施过程中设计单位之间、施工单位之间、设计与施工单位之间的衔接配合关系及其责任划分，必须通过分析研究，确定管理原则与协调方式。

4.编制质量控制计划

工程项目管理总组织者，负责主持编制工程项目总质量计划，并根据质量控制体系的要求，部署各质量责任主体编制与其承担任务范围相符合的质量计划，并按规定程序完成质量计划的审批，作为其实施自身工程质量控制的依据。

（六）工程质量控制体系运行环境的完善

1.工程的合同结构

工程合同是联系工程项目各参与方的纽带，只有在工程合同结构合理、质量标准和责任条款明确，并严格进行履约管理的条件下，质量控制体系的运行才能成为各方的自觉行动。

2.质量管理的资源配置

质量管理的资源配置，包括专职的工程技术人员和质量管理人员的配置、实施技术管理和质量管理所必需的设备、设施、器具、软件等物质资源的配置。人员和资源的合理配置是质量控制体系得以运行的基础条件。

3.质量管理的组织制度

工程质量控制体系内部的各项管理制度和程序性文件的建立，为质量控制系统各个环节的运行，提供必要的行动指南、行为准则和评价基准的依据，是系统有序运行的基本保证。

（七）工程质量控制体系的运行机制

1.动力机制

动力机制是建设工程项目质量控制体系运行的核心机制，它来源于公正、公开、公平的竞争机制和利益机制的制度设计或安排。这是因为建设工程项目的实施过程是由多主体参与的价值增值链，只有保持合理的供方及分供方等各方关系，才能形成合力。动力机制是建设工程项目成功的重要保证。

2.约束机制

没有约束机制的控制体系是无法使工程质量处于受控状态的。约束机制取决于各主体内部的自我约束能力和外部的监控效力。自我约束能力表现为组织及个人的经营理念、质量意识、职业道德及技术能力的发挥；监控效力取决于建设工程项目实施主体外部对质量工作的推动和检查监督。两者相辅相成，构成了质量控制过程的制衡关系。

3. 反馈机制

运行状态和结果的信息反馈，可以对质量控制体系的能力和运行效果进行评价，并为及时做出处置提供决策依据。因此，必须有相关的制度安排，保证质量信息反馈的及时和准确，坚持质量管理者深入生产第一线，掌握第一手资料，才能形成有效的质量信息反馈机制。

4. 持续改进机制

在建设工程项目实施的各个阶段，不同的层面、不同的范围和不同的主体之间，应用 PDCA 循环原理，即计划、实施、检查和处置不断循环的方式展开质量控制，同时注重抓好控制点的设置，加强重点控制和例外控制，并不断寻求改进机会、研究改进措施，这样才能保证建设工程项目质量控制体系的不断完善和持续改进，不断提高质量控制能力和控制水平。

第二节　公路工程施工质量控制

一、施工质量控制概述

（一）施工质量控制的依据

1. 共同性依据

共同性依据是指适用于施工阶段且与质量管理有关的、通用的、具有普遍指导意义和必须遵守的基本条件，主要包括工程建设合同、设计文件、设计交底及图纸会审记录、设计修改和技术变更、国家和政府有关部门颁布的与质量管理有关的法律和法规性文件。

2. 专门技术法规性依据

专门技术法规性依据是指针对不同的行业、不同质量控制对象制定的专门技术法规文件，包括规范、规程、标准、规定等。

（二）事前控制、事中控制和事后控制

1. 事前质量控制

事前质量控制是指在正式施工前进行的质量控制，事前质量控制要求针对质量控制对象的控制目标、活动条件、影响因素进行周密分析，找出薄弱环节，

通过编制施工质量计划、明确质量目标、制订施工方案、设置质量管理点、落实质量责任，分析可能导致质量目标偏离的各种影响因素，针对这些影响因素制订有效的预防措施，防患于未然。

2. 事中质量控制

事中质量控制是指在施工质量形成过程中，对影响施工质量的各种因素进行全面的动态控制。事中质量控制也称作业活动过程质量控制，包括质量活动主体的自我控制和他人监控两种控制方式。自我控制是第一位的，即作业者在作业过程对自己质量活动行为的约束和技术能力的发挥，以完成符合预定质量目标的作业任务；他人监控是指作业者的质量活动过程和结果，接受来自企业内部管理者和企业外部有关方面的检查检验，如工程监理机构、政府质量监督部门等的监控。

事中质量控制的目标是确保工序质量合格，杜绝质量事故发生，控制的关键是坚持质量标准，控制的重点是工序质量、工作质量和质量控制点的控制。

3. 事后质量控制

事后质量控制也称为事后质量把关，以使不合格的工序或最终产品（包括单位工程或整个工程项目）不流入下道工序、不进入市场。事后控制包括对质量活动结果的评价、认定，对工序质量偏差的纠正，对不合格产品进行整改和处理。控制的重点是发现施工质量方面的缺陷，并通过分析提出施工质量改进的措施，保持质量处于受控状态。

二、施工质量计划概述

（一）施工质量计划的形式

以施工项目为对象的质量计划称为施工质量计划。在承包合同环境下，质量计划是企业向顾客表明质量管理方针、目标及其具体实现的方法、手段和措施的文件，它体现了企业对质量责任的承诺和实施的具体步骤。施工质量计划常通过以下三种形式体现：

①工程项目施工质量计划。

②工程项目施工组织设计（含施工质量计划）。

③施工项目管理实施规划（含施工质量计划）。

（二）施工质量计划的编制依据

①合同中有关质量的要求。

②与工程或施工过程有关的其他要求。

③质量管理体系文件。

④组织针对项目的其他要求。

（三）施工质量计划的基本内容

①工程特点及施工条件（合同条件、法规条件和现场条件等）分析。

②质量总目标及其分解目标。

③质量管理组织机构和职责，人员及资源配置计划。

④确定施工工艺与操作方法的技术方案和施工组织方案。

⑤施工材料、设备等物资的质量管理及控制措施。

⑥施工质量检验、检测、试验工作的计划安排及其实施方法与接收准则。

⑦施工质量控制点及其跟踪控制的方式与要求。

⑧质量记录的要求。

⑨所采取的措施。

（四）施工质量计划的审批程序

施工单位的项目施工质量计划或施工组织设计文件编成后，应按照工程施工管理程序进行审批，包括施工企业内部的审批和项目监理机构的审查。

1. 施工企业内部的审批

施工单位的项目施工质量计划或施工组织设计的编制与内部审批，应根据企业质量管理程序性文件规定的权限和流程进行，通常由项目经理部主持编制，报企业组织管理层批准。

2. 项目监理机构的审查

实施工程监理的施工项目，施工承包单位必须填写施工组织设计（方案）报审表并附施工组织设计（方案），报送项目监理机构审查。总监理工程师应组织专业监理工程师审查承包单位报送的施工组织设计（方案）报审表，提出意见，并经总监理工程师审核、签认后报建设单位。

三、施工质量控制点概述

（一）施工质量控制点的设置

施工质量控制点是施工质量控制的重点对象。施工质量控制点应选择那些技术要求高、施工难度大，对工程质量影响大或是发生质量问题时危害大的对象进行设置。一般选择下列部位或环节作为施工质量控制点：

①对工程质量形成过程产生直接影响的关键部位、工序、环节及隐蔽工程。

②施工过程中的薄弱环节，或者质量不稳定的工序、部位或对象。

③对下道工序有较大影响的上道工序。

④采用新技术、新工艺、新材料的部位或环节。

⑤施工质量无把握的、施工条件困难的或技术难度大的工序或环节。

⑥用户反馈指出的和过去有过返工的不良工序。

（二）施工质量控制点的重点控制对象

①人的行为。某些操作或工序，应以人为重点控制对象。例如，高空、高温、水下、易燃易爆、重型构件吊装作业以及操作要求高的工序和技术难度大的工序等，都应从人的生理、心理、技术能力等方面进行控制。

②材料的质量与性能。这是直接影响工程质量的重要因素，在某些工程中应作为控制的重点。例如，水泥的质量是直接影响混凝土工程质量的关键因素，施工中应对进场的水泥质量进行重点控制，必须检查核对其出厂合格证，并按要求进行强度和安定性的复验等。

③施工方法与关键操作。某些直接影响工程质量的关键操作应作为控制的重点，同时，那些易对工程质量产生重大影响的施工方法，也应列为控制的重点。

④施工技术参数。例如，混凝土的外加剂掺量、水灰比，回填土的含水率，砌体的砂浆饱满度，防水混凝土的抗渗等级，建筑物沉降与基坑边坡稳定监测数据，大体积混凝土内外温差等技术参数都是应重点控制的质量参数与指标。

⑤技术间歇。有些工序之间必须留有必要的技术间歇时间，如混凝土浇筑与模板拆除之间，应保证混凝土有一定的硬化时间，达到规定拆模强度后方可拆除等。

⑥施工顺序。对于某些工序必须严格控制先后的施工顺序。

⑦易发生或常见的质量通病，如混凝土工程的蜂窝、麻面、空洞，工程渗水、漏水、空鼓、起砂、裂缝等。

⑧新技术、新材料及新工艺的应用。由于缺乏经验，施工时应将其作为重点进行控制。

⑨产品质量不稳定和不合格率较高的工序应列为重点，认真分析，严格控制。

⑩特殊地基或特种结构。

（三）施工质量控制点的落实

①要做好施工质量控制点的事前质量预控工作，包括明确质量控制的目标与控制参数、编制作业指导书和质量控制措施、确定质量检查检验方式及抽样的数量与方法、明确检查结果的判断标准及质量记录与信息反馈要求等。

②要向施工作业班组进行认真交底，使每一个控制点上的作业人员都明白施工作业规程及质量检验评定标准，掌握施工操作要领。在施工过程中，相关技术管理和质量控制人员要在现场进行重点指导和检查验收。

③要做好施工质量控制点的动态设置和动态跟踪管理。所谓动态设置和动态跟踪管理，是指在工程开工前、设计交底和图纸会审时，可先确定项目的一批质量控制点，随着工程的展开、施工条件的变化，随时或定期进行控制点的调整和更新。

④对于危险性较大的分部分项工程或特殊施工过程，除按一般过程质量控制的规定执行外，还应由专业技术人员编制专项施工方案或作业指导书，经项目技术负责人审批及监理工程师签字后执行。超过一定规模的危险性较大的分部分项工程，还应组织专家对专项方案进行论证。

四、施工质量控制的路径

（一）施工人员的质量控制

施工人员的质量包括参与工程施工各类人员的施工技能、文化素养、生理体能、心理行为等方面的个体素质及经过合理组织和激励发挥个体潜能综合形成的群体素质。企业应通过择优录用、加强思想教育及技能方面的教育培训、合理组织、严格考核，并辅以必要的激励机制，使企业员工的潜在能力得到充分的发挥和最好的组合，使施工人员在质量控制系统中发挥主体自控作用。

施工企业应从以下方面加强施工人员的质量控制。

①施工企业必须坚持执业资格注册制度和作业人员持证上岗制度；坚持对所选派的施工项目领导者、组织者进行教育和培训，使其质量意识和组织管理能力能满足施工质量控制的要求。

②施工企业必须坚持对所属施工队伍进行全员培训，加强质量意识的教育和技术训练，提高每个作业者的质量活动能力和自控能力。

③施工企业必须坚持对分包单位进行严格的资质考核和施工人员的资格考核，其资质、资格必须符合相关法规的规定，与其分包的工程相适应。

（二）材料、设备的质量控制

对材料、设备进行质量控制的主要内容包括：

①控制材料、设备的性能、标准、技术参数与设计文件的相符性。

②控制材料、设备各项技术性能指标、检验测试指标与标准规范要求的相符性。

③控制材料、设备进场验收程序的正确性及质量文件资料的完备性。

④控制优先采用节能低碳的新型建筑材料和设备，禁止使用国家明令禁用或淘汰的建筑材料和设备等。

（三）工艺方案的质量控制

制订和采用技术先进、经济合理、安全可靠的施工工艺方案，是工程质量控制的重要环节。对施工工艺方案的质量控制主要包括以下内容：

①正确地分析工程特征、技术关键及环境条件等资料，明确质量目标、验收标准、质量控制的重点和难点。

②制订合理有效的有针对性的施工技术方案和组织方案，前者包括施工工艺、施工方法，后者包括施工区段划分、施工流向及劳动组织等。

③合理选用施工机械设备和施工临时设施，合理布置施工总平面图和各阶段施工平面图。

④选用和设计保证质量和安全的模具、脚手架等施工设备。

⑤编制工程所采用的新材料、新技术、新工艺的专项技术方案和质量管理方案。

⑥针对工程具体情况，分析气象、地质等环境因素对施工的影响，制订应对措施。

（四）施工机械的质量控制

施工机械是指施工过程中使用的各类机械设备，包括起重运输设备、人货两用电梯、加工机械、操作工具、测量仪器、计量器具以及专用工具和施工安全设施等。

施工机械设备是所有施工方案和工法得以实施的重要物质基础，合理选择和正确使用施工机械设备是保证施工质量的重要措施。

①对施工所用的机械设备，应根据工程需要从设备选型、主要性能参数及使用操作要求等方面加以控制，以确保其符合安全、适用、经济、可靠和节能、环保等方面的要求。

103

②对施工中使用的模具、脚手架等施工设备，除按适用的标准定型选用外，一般需按设计及施工要求进行专项设计，对其设计方案及制作质量的控制及验收应作为重点进行控制。

③按现行施工管理制度要求，工程所用的施工机械、模板、脚手架，特别是危险性较大的现场安装的起重机械设备，不仅要对其设计安装方案进行审批，而且安装完毕交付使用前必须经专业管理部门验收合格后方可使用。同时，在使用过程中尚需落实相应的管理制度，以确保其安全正常使用。

（五）施工环境因素的质量控制

施工环境因素主要包括施工现场自然环境因素、施工质量管理环境因素和施工作业环境因素。施工环境因素对工程质量的影响，具有复杂多变和不确定性的特点。要消除其对施工质量的不利影响，主要是采取预测预防的控制方法。

1. 对施工现场自然环境因素的控制

对于地质、水文等方面的影响因素，应根据设计要求，分析工程岩土地质资料，预测不利因素，并会同设计等单位制订相应的措施，采取如基坑降水、排水、加固围护等技术控制方案。

对于天气方面的影响因素，应在施工方案中制订专项预案，明确在不利条件下的施工措施，落实人员、器材等方面的各项准备，做好紧急应对，从而控制其对施工质量的不利影响。

2. 对施工质量管理环境因素的控制

施工质量管理环境因素主要是指施工单位质量保证体系、质量管理制度和各参建施工单位之间的协调等因素。在项目施工中，根据工程承发包的合同结构，理顺管理关系，建立统一的现场施工组织系统和质量管理的综合运行机制，确保质量保证体系处于良好的状态，创造良好的质量管理环境和氛围，是施工顺利进行、提高施工质量的保证。

3. 对施工作业环境因素的控制

施工作业环境因素主要是指施工现场的给水排水条件，各种能源介质供应，施工照明、通风、安全防护设施，施工场地空间条件和通道，以及交通运输和道路条件等因素。在项目施工中，施工单位必须认真实施经过审批的施工组织设计和施工方案，落实保证措施，严格执行相关管理制度和施工纪律，保证上述环境条件良好，使施工顺利进行以及施工质量得到保证。

五、施工技术准备工作的质量控制

1. 施工技术准备工作及其质量控制

施工技术准备工作是指在正式开展施工作业活动前进行的技术准备工作，主要包括：熟悉施工图纸，组织设计交底和图纸审查；进行工程项目检查验收的项目划分和编号；审核相关质量文件；细化施工技术方案和施工人员、机具的配置方案；编制施工作业技术指导书；绘制各种施工详图（如测量放线图、大样图及配筋、配板、配线图表等）；进行必要的技术交底和技术培训。

施工技术准备工作的质量控制，包括：对上述技术准备工作成果的复核审查，检查这些成果是否符合设计图纸和相关技术规范、规程的要求；依据经过审批的质量计划审查、完善施工质量控制措施；针对施工质量控制点，明确施工质量控制的重点对象和控制方法；尽可能地提高上述工作成果对施工质量的保证程度；等等。

2. 现场施工技术准备工作的质量控制

（1）计量控制

施工过程中的计量，包括施工生产时的投料计量、施工测量、监测计量以及对项目、产品或过程的测试、检验、分析计量等。开工前要建立和完善施工现场计量管理的规章制度；明确计量控制责任者和配置必要的计量人员；严格按规定对计量器具进行维修和校验；统一计量单位，组织量值传递，保证量值统一，从而保证施工过程中计量的准确。

（2）测量控制

施工测量质量的好坏，直接决定工程的定位和高程是否正确，并且制约施工过程有关工序的质量。因此，施工单位在开工前应编制测量控制方案，经项目技术负责人批准后实施。对建设单位提供的原始坐标点、基准线和水准点等测量控制点进行复核，并将复测结果上报监理工程师审核，批准后施工单位才能建立施工测量控制网，对工程定位和高程基准进行控制。

（3）施工平面图控制

施工单位要严格按照批准的施工平面布置图，科学合理地使用施工场地，正确安装设置施工机械设备和其他临时设施，维护现场施工道路畅通无阻和通信设施完好，合理控制材料的进场与堆放，保持良好的防洪排水能力，保证充分的给水和供电。施工单位还应制定严格的施工场地管理制度、施工纪律和相应的奖惩措施，禁止乱占场地和擅自断水、断电、断路，及时制止和处理各种违纪行为，并做好施工现场的质量检查记录。

六、施工过程的工序质量控制

施工过程的工序质量控制主要包括工序施工条件控制和工序施工效果控制。

1. 工序施工条件控制

工序施工条件是指从事工序活动的各生产要素质量及生产环境条件。对工序施工条件的控制就是控制工序活动的各种投入要素质量和环境条件质量。控制的手段主要有检查、测试、试验、跟踪监督等。控制的依据主要是设计质量标准、材料质量标准、机械设备技术性能标准、施工工艺标准以及操作规程等。

2. 工序施工效果控制

工序施工效果主要反映工序产品的质量特征和特性指标。对工序施工效果的控制就是控制工序产品的质量特征和特性指标,使其达到设计质量标准以及施工质量验收标准的要求。工序施工效果控制属于事后质量控制,其控制的主要途径是实测获取数据、统计分析所获取的数据、判断认定质量等级和纠正质量偏差。

七、施工作业质量的自控

（一）施工作业质量的自控程序

施工作业质量的自控过程是由施工作业组织的成员进行的,其基本的控制程序包括施工作业技术交底、施工作业活动实施和施工作业质量检查等。

1. 施工作业技术交底

施工作业技术交底是施工组织设计和施工方案的具体化,施工作业技术交底的内容必须具有可行性和可操作性。

从建设工程项目的施工组织设计到分部分项工程的作业计划,在实施之前都必须逐级进行交底,其目的是使管理者的计划和决策意图为实施人员所理解。施工作业技术交底是最基层的技术和管理交底活动,施工总承包方和工程监理机构都要对施工作业技术交底进行监督。施工作业技术交底的内容包括作业范围、施工依据、作业程序、技术标准和要领、质量目标以及其他与安全、进度、成本、环境等目标管理有关的要求和注意事项。

2. 施工作业活动实施

施工作业活动是由一系列工序所组成的。为了保证工序质量的受控,首先要对作业条件进行再确认，即按照作业计划检查作业准备状态是否落实到位，其中包括对施工程序和作业工艺顺序的检查确认，在此基础上，严格按作业计划的程序、步骤和质量要求展开工序作业活动。

3. 施工作业质量检查

施工作业质量检查是贯穿整个施工过程的最基本的质量控制活动。施工作业质量检查包括施工单位内部的工序作业质量自检、互检、专检和交接检查，以及现场监理机构的旁站检查、平行检验等。施工作业质量检查是施工质量验收的基础，已完工检验批及分部分项工程的施工质量，必须在施工单位完成质量自检并确认合格之后，才能报请现场监理机构进行检查验收。前道工序作业质量经验收合格后，才可进入下道工序施工。未经验收合格的工序，不得进入下道工序施工。

（二）施工作业质量控制的要求

1. 预防为主

应严格按照施工质量计划的要求，进行各分部分项施工作业的部署。同时，还应根据施工作业的内容、范围和特点，编制施工作业计划，明确作业质量目标和作业技术要领，认真进行作业技术交底，落实各项作业技术组织措施。

2. 重点控制

在施工作业中，一方面要认真贯彻实施施工质量计划中关于质量控制点的控制措施，同时，要根据作业活动的实际需要，进一步建立工序作业控制点，深化工序作业的重点控制。

3. 坚持标准

工序作业人员在工序作业过程中应严格进行质量自检，通过自检不断改善作业质量，并创造条件开展作业质量互检，通过互检加强技术与经验的交流。对已完工的工序作业产品，应严格坚持质量标准。对不合格的施工作业质量，不得进行验收签证，必须按照规定的程序进行处理。

4. 记录完整

施工图纸、质量计划、作业指导书、材料质保书、检验试验及检测报告、质量验收记录等，是形成可追溯性质量保证的依据，也是工程竣工验收所不可缺少的质量控制资料。因此，对工序作业质量，应有计划、有步骤地按照施工管理规范的要求进行填写记载，做到及时、准确、完整、有效，并具有可追溯性。

（三）保证施工作业质量的有效控制制度

①质量自检制度。

②质量例会制度。

③质量会诊制度。

④质量样板制度。

⑤质量挂牌制度。

⑥每月质量讲评制度。

（四）施工作业质量检查的重点内容

①开工前的检查，主要检查是否具备开工条件、开工后是否能够保持连续正常施工、能否保证工程质量。

②工序交接检查，对于重要的工序或对工程质量有重大影响的工序，应严格执行"三检"制度（即自检、互检、专检），未经监理工程师（或建设单位技术负责人）检查认可，不得进行下道工序施工。

③隐蔽工程的检查，施工中凡是隐蔽工程必须检查认证后方可进行隐蔽掩盖。

④停工后复工的检查，因客观因素停工或处理质量事故等停工复工时，经检查认可后方能复工。

⑤分项、分部工程完工后的检查，应经检查认可，并签署验收记录后，才能进行下一工程项目的施工。

⑥成品保护的检查，检查成品有无保护措施以及保护措施是否有效可靠。

第三节　公路工程施工质量事故的处理

一、公路工程施工质量事故分类

公路工程施工质量事故分质量问题、一般质量事故及重大质量事故三类。

①质量问题：质量较差、造成直接经济损失（包括修复费用）在20万元以下问题。

②一般质量事故：质量低劣或达不到合格标准，需加固补强，直接经济损失（包括修复费用）在20万～300万元的事故。

③重大质量事故：因责任过失造成工程倒塌、报废和造成人身伤亡或者重大经济损失的事故。

二、公路工程施工质量事故分级

1. 一般质量事故分级

一般质量事故分三个等级。

①一级一般质量事故：直接经济损失在 150 万～ 300 万元的事故。

②二级一般质量事故：直接经济损失在 50 万～ 150 万元的事故。

③三级一般质量事故：直接经济损失在 20 万～ 50 万元的事故。

2. 重大质量事故分级

重大质量事故分为三个等级。

①具备下列条件之一者为一级重大质量事故：

a. 死亡 30 人以上；

b. 直接经济损失 1000 万元以上；

c. 特大型桥梁主体结构垮塌。

②具备下列条件之一者为二级重大质量事故：

a. 死亡 10 人以上，29 人以下；

b. 直接经济损失 500 万元以上，不满 1000 万元；

c. 大型桥梁主体结构垮塌。

③具备下列条件之一者为三级重大质量事故：

a. 死亡 1 人以上，9 人以下；

b. 直接经济损失 300 万元以上，不满 500 万元；

c. 中小型桥梁主体结构垮塌。

三、公路工程施工质量事故处理程序

公路工程施工质量事故处理程序一般按照事故调查、事故原因分析、制订事故处理方案、事故处理、事故处理的鉴定验收进行。

1. 事故调查

项目负责人及时按法定的时间和程序报告事故，调查结果写成事故调查报告。

事故调查的内容包括事故情况与性质，涉及工程勘察、设计、施工各部门，并与使用条件和周边环境等各个方面有关。事故调查一般可分为初步调查、详细调查和补充调查。

初步调查主要是针对工程事故情况、设计文件、施工内业资料、使用情况等进行调查分析，根据初步调查结果，判别事故的危害程度，确定是否需采取临时支护措施，以确保人民生命财产安全，并对事故处理提出初步处理意见。

详细调查是在初步调查的基础上，认为有必要时，进一步对设计文件进行计算复核与审查，对施工进行检测确定是否符合设计文件要求，以及对建筑物进行专项观测与测量。

补充调查是在已有调查资料还不能满足工程事故分析处理时需增加的项目，一般需做某些结构试验与补充测试，如工程地质补充勘察，结构、材料的性能补充检测和载荷试验等。

2. 事故原因分析

事故原因分析应建立在完成事故调查的基础上，其主要目的是对事故的性质、类别、危害程度以及发生的原因进行分析，以便为事故处理提供必需的依据。在对事故原因进行分析时，往往会存在原因的多样性和综合性，要正确区别分清同类事故的各种不同原因，通过详细的计算与分析、鉴别找到事故发生的主要原因。在综合原因分析中，除确定事故的主要原因外，应正确评估相关原因对工程质量事故的影响，以便能采取切实有效的综合加固修复方法。

3. 制订事故处理方案

事故的处理要建立在事故原因分析的基础上，并广泛听取专家及有关方面的意见，经科学论证，最终确定是否进行处理和怎么样处理。

4. 事故处理

事故处理的内容包括事故的技术处理和事故的责任处罚。

5. 事故处理的鉴定验收

事故处理是否达到预期的目的应通过鉴定验收做出确认，并提交事故处理报告。

四、公路工程施工质量事故处理方法

公路工程施工质量事故处理方法一般包括修补处理、返工处理、限制使用、不作处理等。

1. 修补处理

当工程的某些部分的质量虽未达到规定的规范、标准或设计要求，存在一定的缺陷，但经过修补后还可达到要求的标准，又不影响使用功能或外观要求时，可以做出进行修补处理的决定。例如，某些混凝土结构表面出现蜂窝麻面，经调查、分析，该部位经修补处理后，不影响其使用及外观要求则对该混凝土结构表面质量问题一般可采取修补处理的方法加以解决。

2. 返工处理

当工程质量未达到规定的标准或要求，有明显的严重质量问题，对结构的使用和安全有重大影响，而又无法通过修补办法给予纠正时，可以做出返工处理的决定。例如，某工程预应力按混凝土规定张力系数为 1.3，但实际仅为 0.9，属于严重的质量缺陷，也无法修补，对其只能做出返工处理的决定。

3. 限制使用

当工程质量缺陷按修补方式处理无法保证达到规定的使用要求和安全，而又无法返工处理时，可以做出结构卸荷、减荷以及限制使用的决定。

4. 不做处理

某些工程质量缺陷虽不符合规定的要求或标准，但其情况不严重，经过分析、论证和慎重考虑后，可以做出不做处理的决定。可以不做处理的情况包括：不影响结构安全和使用要求的质量缺陷；经过后续工序可以弥补的不严重的质量缺陷；经复核验算，仍能满足设计要求的质量缺陷。

第五章 公路工程施工进度管理

第一节 公路工程施工进度计划及控制

一、施工进度管理概述

（一）施工进度管理的前提和原则

施工进度管理的目的是通过管理实现工程的进度目标。施工进度管理不仅关系到施工进度目标能否实现，它还直接关系到工程的质量和成本。在工程施工实践中，必须坚持一个前提，即在确保工程质量的前提下，控制工程的进度。同时，在施工进度管理中应树立一个原则，即动态管理原则，因为施工进度管理也是编制进度计划，执行、验证并调整计划的一个循环提高的动态过程。

（二）施工进度管理的内容

工程施工是在动态条件下实施的，因此进度管理也就是一个动态的管理过程。它包括：

①进度目标的分析和论证，其目的是论证进度目标是否合理，进度目标是否可能实现。如果经过科学的论证，目标不可能实现，则必须调整目标。

②在收集资料和调查研究的基础上编制进度计划。

③进度计划的跟踪检查与调整，它包括定期跟踪检查所编制进度计划的执行情况，若其执行有偏差，则采取纠偏措施，并视必要调整进度计划。

（三）施工进度管理的步骤

①工程进度目标的逐层分解。工程进度目标的逐层分解是从项目实施开始前和在项目实施过程中，逐步地由宏观到微观，由粗到细编制深度不同的进度计划的过程。对于大型公路工程项目，应通过编制工程总进度规划、工程总进度计划、项目各子系统和各子项目工程进度计划等进行工程进度目标的逐层分解。

②在项目实施过程中对工程进度目标进行动态跟踪。跟踪包括两个方面：一是按照进度控制的要求，收集工程进度实际值；二是定期对工程进度的计划值和实际值进行比较。进度的计划值和实际值的比较应是定量的数据比较，比较的成果是进度跟踪和控制报告，如编制进度控制的旬、月、季、半年和年度报告等。

③将工程进度计划值与实际值进行比较，如发现进度出现偏差，则必须采取相应的纠偏措施进行纠偏，如分析因管理不到位而影响进度的问题，并采取相应的措施，调整进度管理的方法和手段，改变施工管理和强化合同管理，及时解决工程款支付和落实加快工程进度所需的资金，改进施工方法和改变施工机具等。

④若发现原定的工程进度目标不合理，或原定的工程进度目标无法实现等，则应及时调整工程进度目标。

二、公路工程施工进度计划

（一）公路工程施工进度计划的系统组成

公路工程施工进度计划系统是由多个相互关联的进度计划组成的系统，常见的公路工程施工进度计划系统如下：

①由多个相互关联的不同计划深度的进度计划组成的计划系统，包括总进度规划（计划）、项目子系统进度规划（计划）、项目子系统中的单项工程进度计划等。

②由多个相互关联的不同计划功能的进度计划组成的计划系统，包括控制性进度规划（计划）、指导性进度规划（计划）、实施性（操作性）进度计划等。

③由多个相互关联的不同项目参与方的进度计划组成的计划系统，包括业主方编制的整个项目实施的进度计划、设计进度计划、施工和设备安装进度计划、采购和供货进度计划等。

④由多个相互关联的不同计划周期的进度计划组成的计划系统，包括年度、季度、月度和旬计划等。

（二）公路工程施工进度计划的审查

1. 工期和时间安排的合理性

①施工总工期的安排应符合合同工期。

②各施工阶段就单位工程（包括分部、分项工程）的施工顺序和时间安排

应与材料和设备的进场计划相协调。

③易受冰冻、低温、炎热、雨季等气候影响的工程应安排在适宜的时间，并应采取有效的预防和保护措施。

④对动员、清场、假日及天气影响的时间，应充分考虑并留有余地。

2. 施工准备的可靠性

①所需主要材料和设备的运送日期已有保证。

②主要骨干人员及施工队伍的进场日期已经落实。

③施工测量、材料检查及标准试验的工作已经安排。

④驻地建设、进场道路及供电、供水等已经解决或已有可靠的解决方案。

3. 计划目标与施工能力的适应性

①各阶段或单位工程计划完成的工程量及投资额应与设备和人力实际状况相适应。

②各项施工方案和施工方法应与施工经验和技术水平相适应。

③关键线路上的施工力量安排应与非关键线路上的施工力量安排相适应。

（三）公路工程施工进度计划检查的方法

1. 横道图比较法

横道图比较法是指将在项目实施中检查实际进度收集的信息，经整理后直接用横道线并列标于原计划的横道线处，进行直观比较的方法。

2. "S" 形曲线比较法

"S" 形曲线比较法与横道图比较法不同，它不是在编制的横道图进度计划上对实际进度与计划进度进行比较，而是以横坐标表示进度时间、纵坐标表示累计完成任务量，而绘制出一条按计划时间累计完成任务量的 "S" 形曲线，将施工项目的各检查时间实际完成的任务量与 "S" 形曲线进行实际进度与计划进度相比较的一种方法。

3. "香蕉" 曲线比较法

"香蕉" 曲线是由两条以同一开始时间、同一结束时间的 "S" 形曲线组合而成的。其中，一条 "S" 形曲线是工作按最早开始时间安排进度所绘制的 "S" 形曲线，简称 ES 曲线；而另一条 "S" 形曲线是工作按最迟开始时间安排进度所绘制的 "S" 形曲线，简称 LS 曲线。除了项目的开始和结束点外，ES 曲线在 LS 曲线的上方，同一时刻两条曲线所对应完成的工作量是不同的。在项目实施过程中，理想的状况是任一时刻的实际进度在这两条曲线所包区域内的曲线 R 上。

4.前锋线比较法

前锋线比较法是通过绘制某检查时刻工程项目实际进度前锋线，对工程实际进度与计划进度进行比较的方法，通过实际进度前锋线与原进度计划中各工作箭线交点的位置来判断工作实际进度与计划进度的偏差，进而判定该偏差对后续工作及总工期的影响程度。它主要适用于时标网络计划。

（四）公路工程施工进度计划的调整方法

1.调整关键线路的方法

①当关键线路的实际进度比计划进度拖后时，应在尚未完成的关键工作中，选择资源强度小或费用低的工作缩短其持续时间，并重新计算未完成部分的时间参数，将其作为一个新计划实施。

②当关键线路的实际进度比计划进度提前时，若不拟提前工期，应选用资源占用量大或者直接费用高的后续关键工作，适当延长其持续时间，以降低其资源强度或费用；当确定要提前完成计划时，应将计划尚未完成的部分作为一个新计划，重新确定关键工作的持续时间，按新计划实施。

2.非关键工作时差的调整方法

非关键工作时差的调整应在其时差的范围内进行，以便更充分地利用资源、降低成本或满足施工的需要。每一次调整后都必须重新计算时间参数，观察该调整对计划全局的影响。可采用以下几种调整方法：将工作在其最早开始时间与最迟完成时间范围内移动；延长工作的持续时间；缩短工作的持续时间。

3.增、减工作项目时的调整方法

增、减工作项目时应符合下列规定：

①不打乱原网络计划总的逻辑关系，只对局部逻辑关系进行调整。

②在增、减工作后应重新计算时间参数，分析对原网络计划的影响；当对工期有影响时，应采取调整措施，以保证计划工期不变。

4.调整逻辑关系

只有当实际情况要求改变施工方法或组织方法时才可进行逻辑关系的调整。调整时应避免影响原计划工期目标的实现和其他工作的顺利进行。

5. 调整工作的持续时间

当发现某些工作的原持续时间估计有误或实现条件不充分时，应重新估算其持续时间，并重新计算时间参数，尽量使原计划工期不受影响。

6. 调整资源的投入

当资源供应发生异常时，应采用资源优化方法对计划进行调整，或采取应急措施，使其对工期的影响最小。

三、公路工程施工进度控制

（一）公路工程施工进度控制的组织措施

①组织是目标能否实现的决定性因素，为实现项目施工的进度目标，应充分重视健全项目施工进度管理的组织体系。在项目组织结构中，应有专门的工作部门和符合进度控制岗位资格的专人负责施工进度控制工作。

②施工进度控制的主要工作环节包括施工进度目标的分析和论证、编制施工进度计划、定期跟踪施工进度计划的执行情况、采取纠偏措施以及调整施工进度计划。这些工作任务和相应的管理职能应在项目施工进度管理组织设计的任务分工表和管理职能分工表中标示并落实。

③应明确项目施工进度控制的工作流程，如定义项目施工进度计划系统的组成、各类施工进度计划的编制程序、审批程序和计划调整程序等。

④施工进度控制工作包含了大量的组织和协调工作，而会议是组织和协调的重要手段，应进行有关施工进度控制会议的组织设计。

（二）公路工程施工进度控制的组织方式

1. 顺序作业法

采用顺序作业法时施工现场的组织、管理、资源供应比较简单，但因为它没有充分利用工作面进行施工，工期较长；施工中不强调分工协作，多是间歇作业，不利于劳动生产率的提高，对劳动力和材料的使用可能不均衡。

2. 平行作业法

平行作业法充分利用工作面进行施工，工期较短；但劳动力、材料和机具投入大、协调工作复杂。平行作业法的实质是用增加资源的方法来达到缩短工期的目的，一般适用于需要突击性施工时施工作业的组织工作。

3. 流水作业法

流水作业法的特点必须按工艺专业化原则成立专业作业队（班组），实现专业化生产，有利于提高劳动生产率，保证工程质量；专业化作业队能够连续作业，相邻作业队的施工时间能最大限度地搭接；尽可能利用工作面进行施工，工期比较短；每天投入的资源量较为均衡，有利于资源供应的组织工作。

（三）公路工程施工进度控制的管理措施

公路工程施工进度控制的管理措施涉及管理的思想、管理的方法、管理的手段、合同管理和风险管理等。

②公路工程施工进度控制在管理观念方面存在的主要问题如下：

a. 缺乏施工进度计划系统的观念，分别编制各种独立而互不联系的计划，形成不了计划系统；

b. 缺乏动态控制的观念，只重视计划的编制，而不重视及时地进行计划的动态调整；

c. 缺乏施工进度计划多方案比较和选优的观念，合理的施工进度计划不仅要体现资源的合理使用、工序的合理组织、工作面的合理安排，还要有利于提高建设质量和有利于合理地缩短建设周期。

②工程网络计划的方法有利于实现进度控制的科学化。用工程网络计划的方法编制施工进度计划必须分析和考虑各工作之间的逻辑关系，通过工程网络的计算可发现关键工作和关键路线，也可知道非关键工作可使用的时差。

③应注意分析影响公路工程施工进度的风险，并在分析的基础上采取风险管理措施，以减少施工进度失控的风险量。常见的影响公路工程施工进度的风险有组织风险、管理风险、合同风险、资源（人力、物力和财力）风险和技术风险等。

④应重视信息技术（包括相应的软件、局域网、互联网以及数据处理设备）在施工进度控制中的应用。虽然信息技术对施工进度控制而言只是一种管理手段，但它的应用有利于提高施工进度信息处理的效率、有利于提高施工进度信息的透明度、有利于促进施工进度信息的交流和项目各参与方的协同工作。

（四）公路工程施工进度控制的经济措施

①应编制与进度计划相适应的资源需求计划（资源进度计划），包括资金需求计划和其他资源（人力和物力资源）需求计划，以反映工程实施的各时段所需要的资源。通过对资源需求的分析，可发现所编制的进度计划实现的可能性，若资源条件不具备，则应调整进度计划。

②应编制资金供应计划，包括可能的资金总供应量、资金来源（自有资金和外来资金）以及资金供应的时间。

③在工程预算中，应考虑加快公路工程施工进度所需要的资金，其中包括为实现施工进度目标将要采取的经济激励措施所需要的费用。

（五）公路工程施工进度控制的技术措施

在决策施工方案时，不仅应分析施工技术的先进性和经济合理性，还应考虑其对施工进度的影响。在公路工程施工进度受阻时，应分析是否存在施工技术的影响因素，以及为实现施工进度目标有无改变施工技术、施工方法和施工机械的可能性。

第二节　公路工程施工进度计划的编制

一、公路工程施工进度计划的常用表示形式

（一）横道图

公路工程的施工进度横道图是以时间为横坐标，以各分部（项）工程或工作内容为纵坐标，按一定的先后施工顺序，用带时间比例的水平横线表示对应工作内容持续时间的施工进度计划图表。

1. 横道图进度计划的编制

通常横道图的表头为工作及其简要说明，项目进展表示在时间表格上。按照所表示工作的详细程度，时间单位可以为小时、天、周、月等。这些时间单位经常用日历表示，此时可表示非工作时间，如停工时间、公众假日、假期等。根据横道图使用者的要求，工作可按照时间先后、责任、项目对象、同类资源等进行排序。

横道图也可将最重要的逻辑关系标注在内，但是，如果将所有逻辑关系均标注在图上，则横道图简洁性的最大优点将丧失。

横道图用于小型项目或大型项目的子项目上，或用于计算资源需要量和概要预示施工进度，也可用于其他计划的表示结果。

2. 横道图计划表的优缺点

横道图计划表的优点是进度线（横道）与时间坐标相对应，这种表达方式

较直观，易看懂计划编制的意图。但是，横道图进度计划表也存在一些缺点，主要有：

①工序（工作）之间的逻辑关系可以设法表达，但不易表达清楚；

②适用于手工编制计划；

③没有通过严谨的进度计划时间参数计算，不能确定计划的关键工作、关键路线与时差；

④计划调整只能用手工方式进行，其工作量较大；

⑤难以适应大的进度计划系统。

（二）"S"形曲线

"S"形曲线是以时间为横轴，以累计完成的工程费用的百分数为纵轴的图表化曲线。图上一般标有两条曲线：计划曲线和实际支付曲线。实际支付曲线高于计划曲线则实际施工进度快于计划，否则就慢。曲线本身的斜率也能反映施工进度推进的快慢。有时为反映实际施工进度，还会增加一条实际完成线。

（三）垂直图（也称斜条图、时间里程图）

垂直图是以公路里程或工程位置为横轴，以时间为纵轴，将各分部（项）工程的施工进度相应地用不同的斜线表示的图表化曲（折）线。在图中可以辅助表示平面布置图和工程量的分布。垂直图适合表示公路、隧道等线形工程的总体施工进度。斜率越陡施工进度越慢，斜率越平施工进度越快。

（四）斜率图

斜率图是以时间为横轴，以累计完成的工程量的百分数为纵轴，将分项工程的施工进度相应地用不同斜率表示的图表化曲（折）线。事实上斜率图就是分项工程的"S"形曲（折）线，主要作为公路工程投标文件中施工组织设计的附表使用，以反映公路工程的施工进度。

（五）网络图

1. 网络图、网络计划的基本概念

网络图是由箭线和节点组成的用来表示工作流程的有向有序网状图形。网络计划是用网络图表达任务构成工作顺序并加注工作时间参数的进度计划。常采用的网络计划包括双代号网络计划、单代号网络计划、双代号时标网络计划、单代号搭接网络计划等。网络图、网络计划的基本概念如下：

（1）工作

①工作：计划任务按需要粗细程度划分而成的一个消耗时间或既消耗时间也消耗资源的子项目或子任务。

②虚工作：双代号网络计划中只表示前后相邻工作之间的逻辑关系既不占用时间也不耗用资源的虚拟工作。

③关键工作：网络计划中总时差最小的工作。

④紧前工作：紧排在本工作之前的工作。

⑤紧后工作：紧排在本工作之后的工作。

（2）箭线

①箭线：网络图中一端带箭头的实线，在双代号网络图中它与其两端节点表示一项工作，在单代号网络图中它表示工作之间的逻辑关系。

②虚箭线：一端带箭头的虚线，在双代号网络图中表示一项虚拟的工作以使逻辑关系得到正确表达。

③内向箭线：指向某个节点的箭线。

④外向箭线：从某个节点引出的箭线。

（3）节点

①节点：网络图中箭线端部的圆圈或其他形状的封闭图形。在双代号网络图中它表示工作之间的逻辑关系，在单代号网络图中它表示一项工作。

②虚拟节点：在单代号网络图中，当有多个无内向箭线的节点或有多个无外向箭线的节点时，为便于计算，虚设的起点节点或终点节点的统称。虚拟节点的持续时间为零，不占用资源。虚拟起点节点与无内向箭线的节点相连，虚拟终点节点与无外向箭线的节点相连。

③起点节点：网络图的第一个节点，表示一项任务的开始。

④终点节点：网络图的最后一个节点，表示一项任务的完成。

（4）线路

①线路：网络图中从起点节点开始，沿箭头方向顺序通过一系列箭线与节点，最后达到终点节点的通路。

②关键线路：自始至终全部由关键工作组成的线路或线路上总的工作持续时间最长的线路。

③循环回路：从一个节点出发，沿箭头方向前进，又返回到原出发点的线路。

（5）时间参数

①时间参数：工作或节点所具有的各种时间值。

②工作持续时间：一项工作从开始到完成的时间。

③最早开始时间（ES）：各紧前工作全部完成后本工作有可能开始的最早时刻。

④最早完成时间（EF）：各紧前工作全部完成后本工作有可能完成的最早时刻。

⑤最迟开始时间（LS）：在不影响整个任务按期完成的前提下工作必须开始的最迟时刻。

⑥最迟完成时间（LF）：在不影响整个任务按期完成的前提下工作必须完成的最迟时刻。

⑦节点最早时间：双代号网络计划中，以该节点为开始节点的各项工作的最早开始时间。

⑧节点最迟时间：双代号网络计划中，以该节点为完成节点的各项工作的最迟完成时间。

⑨时距：搭接网络图中相邻工作之间的时间差值。

⑩自由时差（FF）：在不影响其紧后工作最早开始时间的前提下，本工作可以利用的机动时间。

⑪总时差（TF）：在不影响总工期的前提下，本工作可以利用的机动时间。

（6）逻辑关系

网络图中工作之间相互制约或相互依赖的关系称为逻辑关系，它包括工艺关系和组织关系，在网络中均应表现为工作之间的先后顺序。

①工艺关系：生产性工作之间由工艺过程决定的、非生产性工作之间由工作程序决定的先后顺序称为工艺关系。

②组织关系：工作之间因组织安排需要或资源（人力、材料、机械设备和资金等）调配需要而确定的先后顺序关系称为组织关系。

2. 网络计划的基本原理

①利用网络图的形式表达一项工程中各项工作的先后顺序及逻辑关系。

②通过对网络图时间参数的计算，找出关键工作、关键线路。

③利用优化原理，改善网络计划的初始方案，以选择最优方案。

④在网络计划的执行过程中进行有效的控制和监督，保证合理地利用资源，力求以最少的消耗获取最佳的经济效益和社会效益。

3. 网络计划的优缺点

①能全面而明确地反映出各项工作开展的先后顺序和它们之间的相互制

约、相互依赖的关系。

②可以对各种时间参数进行计算。

③能在工作繁多、错综复杂的计划中找出影响工程进度的关键工作和关键线路，便于管理者抓住主要矛盾，集中精力确保工期，避免盲目施工。

④能够从许多可行方案中，选出最优方案。

⑤保证自始至终对计划进行有效的控制与监督。

⑥利用网络计划中反映出的各项工作的时间储备，可以更好地调配人力、物力，以达到降低成本的目的。

⑦可以利用计算机进行计算、优化、调整和管理。

⑧在计算劳动力、资源消耗量时，与横道图相比较为困难。

二、双代号网络图的编制

（一）双代号网络图的构成要素

双代号网络图是以箭线及其两端节点的编号表示工作的网络图。它由工作、节点、线路三个基本要素组成。

1. 工作

双代号网络图中，每一条箭线表示一项工作。箭线的箭尾节点表示该工作的开始，箭线的箭头节点表示该工作的完成。工作名称可标注在箭线的上方，完成该项工作所需要的持续时间可标注在箭线的下方。

在无时间坐标的网络图中，箭线的长度原则上可以任意画，其占用的时间以下方标注的时间参数为准。箭线可以为直线、折线或斜线，但其行进方向均应从左向右。在有时间坐标的网络图中，箭线的长度必须根据完成该工作所需持续时间的长短按比例绘制。

2. 节点

双代号网络图中，节点应用圆圈表示，并在圆圈内标注编号。一项工作应当只有唯一的一条箭线和相应的一对节点，且要求箭尾节点的编号小于其箭头节点的编号。网络图节点的编号顺序应从小到大，可不连续，但不允许重复。

3. 线路

双代号网络图中，各条线路的名称可用该线路上节点的编号自小到大依次标记。

（二）双代号网络图的绘图规则

①双代号网络图必须正确表达已确定的逻辑关系。

②双代号网络图中，不允许出现循环回路。

③双代号网络图中，在节点之间不能出现带双向箭头或无箭头的连线。

④双代号网络图中，不能出现没有箭头节点或没有箭尾节点的箭线。

⑤当双代号网络图的某些节点有多条外向箭线或多条内向箭线时，为使图形简洁，可使用母线法绘制（但应满足一项工作用一条箭线和相应的一对节点表示）。

⑥绘制网络图时，箭线不宜交叉。当交叉不可避免时，可用过桥法或指向法。

⑦双代号网络图中应只有一个起点节点和一个终点节点（多目标网络计划除外），而其他所有节点均应是中间节点。

（三）双代号时标网络计划的特点

双代号时标网络计划是以时间坐标为尺度编制的网络计划。时标网络计划中应以实箭线表示工作，以虚箭线表示虚工作，以波形线表示工作的自由时差。双代号时标网络计划必须以水平时间坐标为尺度表示工作时间。时标的时间单位应根据需要在编制网络计划之前确定，可为时、天、周、月或季。时标网络计划中所有符号在时间坐标上的水平投影位置，都必须与其时间参数相对应。节点中心必须对准相应的时标位置。双代号时标网络计划的主要特点如下：

①时标网络计划兼有网络计划与横道计划的优点，它能够清楚地表明计划的时间进程，使用方便。

②时标网络计划能在图上直接显示出各项工作的开始与完成时间、工作的自由时差及关键线路。

③在时标网络计划中可以统计每一个单位时间对资源的需要量，以便进行资源优化和调整。

④由于箭线受到时间坐标的限制，当情况发生变化时，对网络计划的修改比较麻烦，往往要重新绘图。但在使用计算机以后，这一问题已较容易解决。

（四）双代号时标网络计划的编制

时标网络计划宜按各个工作的最早开始时间编制。在编制时标网络计划之前，应先按已确定的时间单位绘制出时标计划表。编制时标网络计划应先绘制无时标网络计划草图，双代号时标网络计划的编制方法有间接绘制法和直接绘制法两种。

1. 间接绘制法

间接绘制法就是先绘制出时标网络计划，计算出各工作的最早时间参数，再根据最早时间参数在时标计划表上确定节点位置，连线完成，某些工作箭线长度不足以到达该工作的完成节点时，用波形线补足。

2. 直接绘制法

直接绘制法就是根据网络计划中工作之间的逻辑关系及各工作的持续时间，直接在时标计划表上绘制时标网络计划。直接绘制法的绘制步骤如下：

①将起点节点定位在时标计划表的起始刻度线上。

②按工作持续时间在时标计划表上绘制起点节点的外向箭线。

③其他工作的开始节点必须在其所有紧前工作都绘出以后，定位在这些紧前工作最早完成时间最大值的时间刻度上，某些工作的箭线长度不足以到达该节点时，用波形线补足，箭头画在波形线与节点连接处。

④用上述方法从左至右依次确定其他节点位置，直至网络计划终点节点定位，绘图完成。

三、单代号网络图的编制

（一）单代号网络图的基本元素

单代号网络图是以节点及其编号表示工作，以箭线表示工作之间逻辑关系的网络图。单代号网络图有以下基本元素。

1. 节点

单代号网络图中的每一个节点表示一项工作，节点宜用圆圈或矩形表示。节点所表示的工作名称、持续时间和工作代号等应标注在节点内。单代号网络图中的节点必须编号，编号标注在节点内，其号码可间断，但严禁重复。箭线的箭尾节点编号应小于箭头节点的编号。一项工作必须有唯一的一个节点及相应的一个编号。

2. 箭线

单代号网络图中的箭线表示紧邻工作之间的逻辑关系，既不占用时间，也不消耗资源。箭线应画成水平直线、折线或斜线。箭线水平投影的方向应自左向右，表示工作的行进方向。工作之间的逻辑关系包括工艺关系和组织关系，在网络图中均表现为工作之间的先后顺序。

3. 线路

单代号网络图中，各条线路应用该线路上的节点编号从小到大依次表述。

（二）单代号网络图的特点

单代号网络图与双代号网络图相比，具有以下特点：

①工作之间的逻辑关系容易表达，且不用虚箭线，故绘图较简单。

②网络图便于检查和修改。

③由于工作持续时间表示在节点之中，没有长度，故不够直观。

④表示工作之间逻辑关系的箭线可能产生较多的纵横交叉现象。

（三）单代号网络图的绘图规则

①单代号网络图必须正确表达已确定的逻辑关系。

②单代号网络图中，不允许出现循环回路。

③单代号网络图中，不能出现双向箭头或无箭头的连线。

④单代号网络图中，不能出现没有箭尾节点的箭线和没有箭头节点的箭线。

⑤绘制网络图时，箭线不宜交叉，当交叉不可避免时，可采用过桥法或指向法绘制。

⑥单代号网络图中只应有一个起点节点和一个终点节点。当网络图中有多项起点节点或多项终点节点时，应在网络图的两端分别设置一项虚工作，作为该网络图的起点节点和终点节点。

第六章　公路工程施工成本管理

第一节　公路工程施工项目成本管理概述

一、公路工程施工项目成本的概念、构成及形式

（一）施工项目成本的概念

施工项目成本是指在公路工程项目的施工过程中，发生的全部生产费用的总和,包括所耗费的生产资料转移价值的货币形式（如消耗原材料、建筑构配件、辅助材料、周转材料的摊销费或租赁费，所使用施工机械的台班费或租赁费等）和劳动者的必要劳动所创造价值的货币形式（如给生产工人支付的工资、奖金、工资性质的津贴、福利，以及进行项目施工组织与管理产生的全部费用支出等）。施工项目成本由直接成本和间接成本所组成。施工项目成本不包括不在施工项目价值范围内的非生产性支出以及劳动者为社会所创造的价值。施工项目成本也称工程成本，其成本核算对象一般为项目的单位工程。

（二）施工项目成本的构成

施工项目成本按生产费用计入产品成本的方法分为两种形式，包括直接成本和间接成本。其中直接成本是指能直接计入工程对象的费用，包括人工费、材料费、机械使用费和其他直接费；间接成本是指进行公路工程施工必须发生的但无法直接计入工程对象的费用，是施工单位在进行施工准备、组织及管理过程中所发生的各项支出，包括管理人员的人工费、劳动保护费、职工福利费、办公费、差旅费等。间接成本的计算方法通常是按照直接成本的比例来计算的。

（三）施工项目成本的形式

按照项目的进展和成本发生的时间及成本管理需要，施工项目成本可以分为承包成本、计划成本和实际成本三类。

承包成本也称预测成本，它是根据施工图，依据国家规定的相关定额、工程量的计算规则以及各地区的有关规定（如市场价格、劳务价格、价差系数等），并按相关取费费率进行计算得到的。承包成本是反映企业竞争水平的成本，它不仅是确定工程造价的基础，还是编制计划成本、评价实际成本的主要依据。

计划成本是指在实际成本发生前，根据有关资料预先计算的成本。计划成本反映了企业在计划期内应达到的成本水平，它对建立和健全施工项目成本管理责任制，提高项目经理部的经济核算，降低、控制施工项目成本及施工产生的费用，起着非常重要的作用。

实际成本是在报告期内施工项目实际产生各项费用的总和。计划成本的测算和实际成本的管理受企业经营管理者的能力、职工的素质和技术水平及项目本身的施工条件的影响。

二、公路工程施工项目的成本管理流程

施工项目成本管理是贯穿整个项目生产经营活动而发生的一个动态过程，在合理的消耗下完成施工企业经营目标和合同的过程，是施工企业成本管理的重点。施工项目成本管理是指公路工程施工项目自开工至竣工结束全过程的成本管理，包括成本预测、成本计划、成本控制、成本分析、成本核算和成本考核等一系列管理过程。

（一）成本预测

成本预测就是根据此项目具体情况及现有成本信息，科学有效地预测未来成本及其发展趋势，其实质是在项目开工前对成本进行估算。项目经理部在满足施工单位与业主要求的前提下，通过事先分析，对成本进行预测，并选择低成本、效益好的最优方案，特别在薄弱环节上要加强成本控制，以求提高预见性，减少决策的失误，如对投标时的利润预测、对人工费用及材料费用的预测以及对方案变化时的成本预测等，只有进行准确的预测，才能更好地保证工程成本最低，减少不必要的损失。

（二）成本计划

成本计划是由项目经理部编制并实施的计划方案。一个施工项目成本计划应该包括从项目开工到项目竣工能够发生的所有施工成本，如项目在计划期内的成本水平、生产费用、为降低成本所采取的方案等，它是开展成本控制和核算的基础，是降低该项目成本的指导文件，是建立项目成本管理责任制的保障，更是设立目标成本的依据。

（三）成本控制

成本控制可以分为事前控制、事中控制和事后控制三类。成本控制是指在施工过程中，采用各种有效措施，严格控制施工中实际发生的人工、机械、材料的各项支出与消耗，降低工程成本，达到预期的项目成本目标所采取的一系列活动。为减少成本损失，项目成本控制应强调事先控制和主动控制，因此要求项目经理部必须明确各级管理人员及员工的权限与责任，对影响项目进展的各种因素加强管理，对施工过程中的各项开支进行监督管理，及时预防，随时提出意见和建议，发现问题纠正偏差，从而把计划成本控制在预定计划之内，达到企业经营效益的目标。例如，针对工程材料费，施工企业应通过材料总量、材料分阶段用量和材料的购置计划进行事前控制，避免材料费用的浪费。

成本控制是施工企业进行成本管理的重要环节，应贯穿于从项目开工到项目竣工验收的整个施工过程。

（四）成本分析

成本分析是基于项目成本进行的一种比较与总结的工作，它作用于整个项目成本管理阶段。成本分析是一种利用项目成本核算及成本计划、成本预测等相关资料，分析了解成本水平与构成的变动情况，系统分析成本变动原因及经济指标对成本的影响，寻找降低成本的途径的分析方法。

成本分析可以采用因素分析法、比较法、比率法、差额计算法等计算方法。影响施工项目成本变动的因素主要由内部因素及外部因素两方面构成，其中内部因素属于企业自身经营管理的因素，外部因素主要是来自市场经济的因素。在进行成本分析时，应把分析重点放在直接影响施工项目成本的内因上，例如，设计图是否变更过多、投资和计划阶段是否有足够的专业投资人员参与控制等都是要着重进行考虑分析的因素。

（五）成本核算

成本核算是对施工项目的各项费用支出及管理费用的发生进行的核算。成本核算的正确与否，直接影响企业的成本预测、计划、分析、考核和改进等控制工作，同时也对企业的成本决策和经营决策的正确与否产生重大影响。因此，成本核算对目标成本的实现起着至关重要的作用。

（六）成本考核

成本考核是指项目完工后，对与施工项目成本有关的各管理者和工作人员，以企业的成本计划为标准，把成本的实际完成的具体指标情况同计划完成情况的各项指标对比，考核成本的完成情况，并根据各责任者的业绩给予一定的奖惩措施。企业通过成本考核对责任者做到奖罚分明，不仅能够提高员工的主动性、积极性，鼓励员工努力完成成本目标，而且能够为增加企业利润降低工程成本做出贡献。

第二节 公路工程施工项目成本预测与计划

一、公路工程施工项目的成本预测

成本预测就是在成本发生之前，根据预计的各种发展变化情况，确定成本目标。

（一）人工费的预测

首先分析公路工程施工项目采用的人工费单价，再分析人工的工资水平及社会劳务的市场行情，根据工期及准备投入的人员数量分析该项工程合同价中人工费是否足够。

（二）材料费的预测

材料费占建安费的比重极大，应作为重点予以准确把握，分别对主材、地材、辅材、其他材料费进行逐项分析，重新核定材料的供应地点、购买价、运输方式及装卸费，分析定额中规定的材料规格与实际采用的材料规格的不同，汇总分析预算中的其他材料费。

（三）机械使用费的预测

投标施工组织设计中的机械设备型号、数量，一般是采用定额中的施工方法套算出来的，与工地实际施工有一定差异，并且工作效率也不同，因此要测算实际将要发生的机械使用费。同时，还要计算可能发生的机械租赁费及需新购置的机械设备的摊销费用，对主要机械要重新核定台班产量定额。

（四）施工方案引起费用变化的预测

公路工程项目中标后，必须结合施工现场的实际情况编制技术上先进可行和经济合理的实施性施工组织设计，结合项目所在地的经济、自然地理条件、施工工艺、设备选择、工期安排的实际情况，比较实施性施工组织设计所采取的施工方法与标书编制时的不同，或与定额中施工方法的不同，以据实做出正确的预测。

（五）辅助工程费的预测

辅助工程费是工程量清单或设计图纸中没有给定，而又是施工中必不可少的费用。

二、公路工程施工项目的成本计划

（一）编制原则

①实事求是，不重不漏，具有可操作性。

②实行零利的原则。

③可比性原则。

④先进性原则。

（二）编制依据

①本年度已落实的施工生产任务及相应的合同文件、设计文件、工程量清单。

②实际指导施工的施工组织设计。

③内部施工定额、材料计划价格、人工工日单价、机械台班及其他各类费用支出标准。

④近几年发生的期间费用和其他独立核算单位的成本资料。

⑤在公路工程施工中积累的先进的施工方法和管理经验。

（三）成本计划组成

直接工程费包括三部分：直接费（人工费、材料费、机械使用费）、其他直接费和现场经费（现场管理费、临时设施费、调遣费）。

成本计划包括计划内成本计划和计划外成本计划。

计划内成本计划中的工程项目、工程量应与设计文件合同清单相一致。计划外成本计划是合同变更部分的成本计划，包括两部分：

①施工过程中工程量的增加或减少，并经业主签字确认；

②施工过程中工程项目的增加或减少，并且业主有明确的方案或要求。

（四）编制方法

成本计划采用单价法、施工预算法和经验估算法相结合的方法。直接费中能够以单价形式计算的，采取施工预算法；现场经费、期间费用采取经验法核定。

1. 施工预算法

①人工费：施工定额工日数乘以人工工日单价。人工单价本单位内部要统一，在同地区或相似地区采用统一单价，单价中包括施工人工开支的各项费用。

②材料费：混合材料用量，按照施工配合比计算（可根据现场实际情况和以往经验进行调整）；其他材料用量，按照施工定额计算。预算单价以实际调查为准。

③机械使用费：施工定额台班数乘以台班单价。本单位设备执行内部台班单价，外租设备台班单价不得高于限价。

④其他直接费原则上取施工辅助费和雨季施工增加费，或根据经验值进行调整（本条同样适用于单价法）。

2. 单价法

单价法是根据一定时期内完成的实物工程量、预算单价和取费标准计算建筑工程投资额和施工产值的方法。例如，土方工程的集、装、运、压，路面混合料的搅拌、运输，钢筋加工的人工费、钻孔桩等均可采用单价法。编制成本计划应尽可能使用此法。

3. 经验法

①现场经费按照经验估算法现场核定。不但要同本单位以往年度该项成本对比，而且要与先进的施工单位进行对比。现场管理按照人员工资、人数、费用等核定。临时设施费按照工程规模、工程类别确定。调遣费按照调遣里程、调遣方式、工程类别进行核定。

②期间费用按照经验估算法来确定。其中，管理费用按照科目逐项核定；财务费用由企业财会部门核对往来账款后，提出估算值；经营费用以前三年实际发生费用为基础，结合实际要求进行核算。

③其他独立核算单位成本计划按照经验估算法确定。对内业务，根据前三年的收入与成本对比分析，结合本年度实际情况进行核定；收入与往来单位的成本要一致。对外业务，主要以前几年营业收入和支出对比，根据本年度的具体情况核定利润指标。

第三节　公路工程施工项目成本控制

一、公路工程施工项目成本控制的三个阶段

成本控制分为事先控制、过程控制和事后控制三个阶段。

（一）事先控制

事先控制，又称前馈控制，是成本控制的第一阶段。事先控制就是在成本发生前，对影响成本的经济活动进行事前的规划、审核和监督。事先控制要求认真做好承包合同分析，在施工图预算和施工预算对比的基础上，进行各项成本拆分，确定目标成本计划。事先控制应做好以下工作：

①在对合同内容全面分析的基础之上，通过开展合同造价分析，建立控制目标。

②提出实施合同及控制造价的对策措施。

③根据目标成本建立相关台账。

（二）过程控制

过程控制主要由项目部完成，是进行动态成本控制的关键，主要是指在施工过程中项目部按施工组织设计，合理配置生产要素，对其所耗数量、单价和费用进行严格控制。项目部严格按照成本计划分解的情况进行资源的配置，严格按照生产计划施工，并认真抓好宏观成本监督、检查、控制工作，最终实现闭合管理。项目部要把承包合同内人工、机械、材料费用逐项落实到班组或个人。

1. 施工过程成本动态控制用"四单"传递

四单的内容为工长报告单、机械作业单、人工作业单、领料单。

"四单"传递程序：当日、最迟次日上午工长填写工长报告单，一式两份交计划员，计划员填写人工作业单、机械作业单，专人填写领料单，最迟于次日把审批的工长报告单和"三单"分别送交劳资员（人工作业单）、机械统计员（机械作业单）、材料统计员（领料单）。劳资员统计人工作业单，并填写人工成本台账；机械统计员统计机械作业单，并填写机械作业成本台账；材料统计员审核领料单，并填写材料成本台账。五日结算时，劳资员做人工费结算

单,机械统计员做机械费结算单,材料统计员做材料费汇总单,分别交到财务办,并做移交记录。

2. 单据份数与移交存留

工长报告单一式两份,一份计划员留存,一份工长留存。人工作业单一式三份,财务、劳资员、计划员各存一份。机械作业单一式三份,财务、机械统计员、计划员各存一份。领料单一式四份,保管员、物资统计员、财务、计划员各存一份。

人工费结算单一式两份,财务、劳资员各存一份。机械费结算单一式两份,机械统计员、财务各存一份。材料费汇总单一式两份,物资统计员、财务各一份。

业务核算、统计核算单据保存至项目结束并上交单位成本管理责任部门,原则上保存一年或按其他有关规定执行。

3. 具体填写要求

①计划内工程与计划外工程分别填写。

②单质材料,按照规定的项目填写。

③水泥混凝土、沥青混凝土、水稳混合材料等填写混合材料数量。

④钢筋按照半成品出库填写数量,其中的消耗量按照各单位要求的损耗计算。

⑤临建、复测、备料发生的人工费、材料费、机械费需按日填写工长报告单。

⑥领料单中混合料的各种材料用量按照施工配合比计算填写。

（三）事后控制

事后控制主要就是准确进行年度交竣工项目的结算工作,进行年度交竣工项目的成本构成分析,与成本计划进行对比,找出不足,为今后更好地开展成本管理工作创造条件。

二、公路工程施工项目成本控制中的重要事项

①管理费控制的重点：管理人员工资（人数）、小车费用、通信费和招待费。

②项目部在发生工程变更项目时,应及时将情况上报并将发生的成本单独统计。

③项目完工（包括续建项目）实行"封账"制。上级部门成立"封账"小组,根据项目的完成情况,"封账"小组到项目部监督、复核项目成本构成的真实

性与合理性，并由财务部门下令"封账"，"封账"后，项目部向上级报账。"封账"后发生的成本与费用，未经上级相关部门审核同意，一律不允许进账。

④抽调专人到施工现场进行人工单价、机械台班和材料价格的调查，同时调查相邻标段、系统内具有可比性的项目部的相关情况，定期进行公示。

三、公路工程施工项目边缘成本控制

边缘成本是指在项目部管理运作过程中，非固定成本或可变成本的因素给现场员工的情绪造成直接或间接的影响而产生的负面效应，导致有形或无形地影响施工正常进行的边缘成本。

（一）发现问题成本

项目管理涉及的问题方方面面，各种矛盾最为集中，任何一个细小的问题如果没有及时地发现或有效地处理，都会阻碍或影响施工生产的正常运行，所以要及时发现问题，超前介入，把矛盾消灭在萌芽状态，防止事态复杂化和扩大化。

（二）员工心理成本

施工企业具有艰苦、流动、分散、分居的特点，在这种环境下生活的员工，心理、生理压力和对企业服务状态的要求，明显地高于其他行业企业的员工。在这种情况下，施工企业应改善员工生活水平，提高服务成本，减轻员工的心理成本，把员工的工作积极性、主动性和创造性调动好、发挥好、保护好。

（三）技术发散成本

技术管理渗透到施工管理的全过程，技术管理是以技术发散为前提的。由于技术发散过程通过肉眼看不见，用手摸不着，用数字是难以量化的，这就要求管理者应投入必要的时间和精力来关注、处理技术发散时遇到的各种问题。管理者要敢于、善于和乐于帮助技术人员分担施工风险，要建立和完善应对技术风险的分摊机制以及实际技术决策评审化、推广运用过程谨慎化等技术原则，让技术人员大胆地做好技术发散工作。

（四）三方互动成本

在项目管理中，要正确处理好施工方、业主、监理方三方的关系。施工方要积极主动地与业主和监理方加强沟通，做到事前早预防，减少因为互动不够而延误及时防范和处理问题的良好时机，导致处理问题的成本过高或问题的扩大化和复杂化带来的不应有的经济、文化和社会风险。

（五）气象环境成本

气象环境对野外施工有较大的影响。施工企业要加强与当地气象服务部门的联系，充分利用他们提供的气象信息资源，合理地组织安排施工生产或适时调整施工方案，降低因为天气变化对施工生产造成的影响，防范由此引发的灾害和经济风险。

第四节 公路工程施工项目成本核算

公路工程施工项目成本核算采用五日计划、四单传递、日统计核算、五日财务核算、五日成本传递的方式进行。财务核算的主要依据是三单（人工作业单、机械作业单、领料单），财务部门设置与分项工程、工程细目、主要工作内容对应的关系表，新开工项目的财务设置必须经财务部门同意。

一、人工费核算

劳资员每日进行人工费统计核算。劳资员根据人工作业单中按实际完成工程量核定的成本管理工日数量与实际发生的工日数量进行对比分析，每日核算盈亏，找出量差、价差因素，五日写出分析报告，上报主管经理。

二、材料费核算

材料统计员每日进行材料统计核算。材料统计员根据实际完成工程量核定消耗量的材料数量、费用与实际完成工程量所消耗的材料数量、费用对比分析，每日核算盈亏，找出量差、价差因素，五日写出分析报告，上报主管经理。

三、机械费核算

机械统计员每日进行机械费统计核算。机械统计员根据机械作业单中按实际完成工程量核定的台班数量、单价、金额与实际发生的台班数量、单价、金额对比分析，每日核算盈亏，找出量差、价差因素，五日写出分析报告，上报主管经理。

四、财务核算

项目部每五日进行财务核算，并在两日后将成本按规定的表格通过网络传递到上级主管部门。成本核算数据汇总后，每半个月形成项目部成本分析报告，向主管经理汇报。

第七章　公路工程施工技术管理

第一节　公路工程施工前技术管理

一、公路工程施工前的准备工作

（一）公路工程开工前的技术准备

①工程项目资料交接。

②设计交桩及导线点复测，建立控制测量网。

③研究和会审施工图纸，并结合现场核对设计文件。

④为实施性施工组织设计和技术方案补充必要的现场调查资料。

⑤划分单位、分部、分项工程。

⑥建立项目试验室并提前做好先期工程试验及配合比相关工作。

⑦为需要提前订购的主要材料和设备提供有关的技术参数、质量要求和最早进场时间。

⑧编制实施性施工组织设计、技术方案和施工预算。

⑨按业主和上级机关要求及工程具体情况配备项目所需的技术标准、规范、规程及有关技术参考资料。

⑩开工前的技术培训和学习，对职工进行计划、技术、质量、安全等交底工作。

⑪编制开工报告。

⑫其他技术准备工作。

（二）公路工程开工前的施工准备

①集结施工力量，组织、调整或健全、充实施工组织机构。

②清除现场施工障碍和平整场地。

③兴建各项临时工程和辅助企业及生活福利设施，接通水源、电源、交通

道路和排水渠道。

④协助建设单位搞好征地拆迁工作。

⑤组织材料、半成品、施工机具进场，并进行安装、检验、试运转。

⑥组织预制构件和非标准件的加工和新产品的试制及鉴定。

⑦生产班组要做好作业条件的施工准备工作。

（三）公路工程季节性施工的准备工作

①制订季节施工技术措施。

②组织季节施工需用的各种材料、机具等进场。

③全面检查现场的各种临时建筑、供水、排水、供电、供热、施工机械和脚手架等辅助设施，对不能防风、防潮、防暑、防火的安全设施，应进行补修、加固和变换。

④组织季节性施工技术培训，调集施工需要的专职人员，对施工队、班组进行季节性的施工技术、安全教育及交底工作。

二、图纸复核与图纸会审

（一）图纸复核工作应注意的问题

图纸复核的目的：一是使参加施工的技术和管理人员提前熟悉图纸，了解工程特点和设计意图，找出需要解决的技术难题，制订解决方案，进行工程管理策划；二是发现图纸中存在的问题，减少图纸的差错，将图纸中的质量隐患消灭在萌芽之中。图纸复核工作应注意以下方面内容。

①应组织参加施工的全体技术人员参与对图纸的复核，不能仅仅局限于几个人。

②在图纸复核的过程中要注意全面领会设计意图，不要轻易否定设计。

③注意结合现场条件进行图纸复核。

④要带着问题进行图纸复核，为设计交底和以后编制实施性施工组织设计及施工技术方案做准备，不要仅仅局限于工程量的复核。

（二）图纸复核的重点

①是否符合现行相关技术标准、规范要求，有无重大原则错误。

②现有施工技术水平能否满足设计要求。

③是否符合现场和施工的实际条件。

④设计是否能够进一步优化。

⑤图纸本身有无矛盾。

⑥图纸中的工程数量表、材料表是否有错误。

⑦控制测量数据是否准确。

（三）现场调查核对的主要内容

①路线与构造物的总体布置、桥涵结构物形式等是否合理，相互之间是否有矛盾和错误。

②主要构造物的位置、尺寸、孔径是否恰当。

③新建的桥涵结构物等与原有道路、排水系统的衔接是否流畅。

④路线的高填深挖地段与设计是否有大的出入，是否合理。

⑤原有的灌溉、排水系统功能是否遭到破坏。

⑥对地质不良地段采取的技术处理措施是否恰当。

⑦投标文件中编制的总体施工方案及临时设施、便道、便桥方案是否合理可行。

（四）现场补充调查的主要内容

①施工现场的地形、地貌。

②工程所在地的地质情况。

③水文情况调查。

④当地的气象情况。

⑤附近的建筑物对施工的干扰情况。

⑥当地的交通、运输条件。

⑦当地水电供应情况。

⑧当地地材供应情况。

⑨当地风俗习惯、医疗条件、通信条件、生活物资供应等情况。

⑩当地政府对建设工程颁布的相关管理规定。

（五）图纸会审的步骤与内容

1. 图纸会审的步骤

（1）初审

初审是指项目部在熟悉图纸的基础上，在某专业内部组织有关人员对本专业施工图的详细细节进行的审查。项目部审核图纸的目的是，根据设计图的内容，确定应收集的技术资料、标准、规范、规程等，做好技术保障工作。

（2）内部会审

内部会审是指施工企业内部各专业（测量、试验、材料、土建、结构、机械、预算、合同、财务等工种）对施工图的会同审查，其任务是对各专业间相关的交接部分，如设计高程、尺寸、构筑物设置、施工程序配合、交接等是否合理、有无矛盾，施工中协作配合等事宜进行仔细审查。

（3）综合会审

综合会审是指在内部会审的基础上，由土建施工单位与各分包施工单位，共同对施工图进行的全面审查。图纸综合会审工作一般由建设单位负责组织，设计单位进行技术交底，施工单位参加。

2. 图纸会审的主要内容

①施工图是否符合国家现行的有关标准、经济政策的有关规定。

②施工的技术、设备条件能否满足设计要求；当采取特殊的施工技术措施时，现有的技术力量及现场条件有无困难，能否保证工程质量和安全施工的要求。

③有关特殊技术或新材料的要求，其品种、规格、数量能否满足需要及工艺规定要求。

④建筑结构与安装工程的设备与管线的接合部位是否符合技术要求。

⑤安装工程各分项专业之间有无重大矛盾。

⑥图纸的份数及说明是否齐全、清楚、明确，图纸上标注的尺寸、坐标、高程及地上地下工程和道路交会点等有无遗漏和矛盾。

三、公路工程施工组织设计的编制与特点

（一）公路工程施工组织设计的编制

1. 公路工程施工组织设计的编制要求

①按照基本建设程序和施工程序，科学地安排施工顺序，在保证质量的前提下，加快建设进度；满足国家和建设单位对工期的要求。

②贯彻施工规范、操作规程，采用先进施工技术，确保工程质量和安全生产，降低工程成本。

③本着自力更生，艰苦奋斗的精神，科学安排，合理施工，充分发挥机械设备的效能，提高机械化作业水平。

④运用科学方法，组织立体交叉，平行流水作业，确定最佳的施工组织方案。

⑤落实季节性施工措施，尽量缩短工期。

⑥尽量利用正式工程原有建筑物和已有的设施，减少大型临时设施工程。

⑦一切从实际出发，做好人力、物力的综合平衡，组织均衡生产。

⑧就地就近，合理利用当地资源，减少运量，节约能源，注意环境保护。

⑨精心地进行施工平面规划，做到文明施工。

⑩节约施工用地，力争不占或少占耕地。

⑪根据需要和可能，积极推广应用新技术、新材料、新设备、新工艺；改善施工方法，提高施工效率。

2. 公路工程施工组织设计的编制依据

①国家和建设单位要求及有关规定。

②招（议）标施工合同或协议。

③设计文件。

④现场调查资料。

⑤施工能力、设备状况和技术力量。

⑥类似建设工程项目的资料和经验。

3. 公路工程指导性施工组织设计的编制内容

①说明书，简要说明工程概况、沿线自然特征、水文地质情况、气候情况、交通运输条件、施工条件、主要工程数量、施工期限、主要工程施工方法、施工单位区段划分，以及大型临时设施规划等。

②平面布置图。

③施工组织进度图。

④各项资源计划表及说明，包括各项工程分年、季完成的工程数量表，完成投资分年计划表，劳动力或工天分年、季需要量表，主要材料分年需要计划表，主要施工机械，运输车辆分年配备计划表；以及成品制造安装分年计划表等。

⑤砂石料开采供应计划。

⑥明确建设、设计、施工三方面的协作配合关系，以及总分包的分工范围。

4. 公路工程实施性施工组织设计的编制内容

公路工程实施性施工组织设计是以工点或地段为单位，根据指导性施工组织设计的要求和规定进行编制的，它是具体指导现场施工与编制作业计划的依据。公路工程实施性施工组织设计的编制内容一般包括下列几项：

①说明书，可参照指导性施工组织设计的有关内容编写。

②包括场内运输道路的工地详细平面布置图。

③按单位工程或工序表示的工程进度图，或采用网络计划技术绘制的网络图。

④各工程项目分季（分月）完成工程量表，各项资源计算表及说明，劳动力分季（或分月）计划表，主要工程材料分季（或分月）需要量表，施工机具需要量及使用起讫日期表，有关材料备品需要量表。

⑤技术复杂工序及新施工方法的技术操作规定。

⑥保证工程质量及施工安全的技术组织措施。

5. 公路工程施工组织设计的编制程序

①收集和熟悉编制公路工程施工组织设计所需的有关资料和图纸，进行项目特点和施工条件的调查研究。

②计算主要工种工程的工程量。

③确定施工的总体部署。

④拟订施工方案。

⑤编制施工总进度计划。

⑥编制资源需求量计划。

⑦编制施工准备工作计划。

⑧施工总平面图设计。

⑨计算主要技术经济指标。

（二）公路工程施工组织设计的特点

公路工程自身的特点，使得公路工程施工组织设计与房屋建筑工程、水利工程等土建工程的施工组织设计有所不同。公路工程施工组织设计的特点有以下方面。

1. 工程线性分布，施工流动性大，施工组织设计工作量大

公路是沿地面延伸的线性人工构筑物。由于它的线性特点，使得施工流动性大，临时工程多，施工作业面狭长，施工组织设计与施工管理的工作量大，也给施工企业员工的生活安排带来困难。

2. 工程类型繁多

公路路线线形及构造物形式受地形、地质、水文等自然条件的影响，又因

公路等级和使用要求而异。因此，公路工程类型多种多样，必须个别设计，施工组织设计亦应个别进行。

3. 工程形体庞大，施工周期长

公路构造物与其他土建工程一样，具有形体庞大的特点，加之公路工程的线性特征，使这一特点对施工的影响更为严重。首先是同一地点要依次进行多个分部工程作业，施工周期长，特别是集中的土石方工程、大桥工程等，在较长时间内占用和消耗大量的人力、物力和其他资源，直到整个施工周期结束，才能得到直接使用的产品；其次是施工各阶段、各环节必须有机地组成整体，在时间上不间断、空间上不闲置，才能有正常的施工秩序，否则将导致延迟工期，造成人力、物力和财力的大量浪费。

4. 施工组织设计需要考虑的因素多

施工组织设计需要考虑的因素有公路工程施工需要的时间（工期）、占用的空间（场地）、消耗的资源（人工、材料、机具等）、需要的资金（造价）、选择的施工方法、确定的施工方案等。公路工程施工需要具备哪些基本条件，如何按照施工的客观规律来考虑工期的安排、场地的布置、资源的消耗等，就成为公路施工组织设计必须认真解决的问题。

四、公路工程施工总平面布置图的内容与设计原则

（一）公路工程施工总平面布置图的内容

公路工程施工总平面布置图包含的内容根据公路工程内容和施工组织设计的需要而定，一般应包括以下内容：

①原有地形地物。

②沿线的生产、行政、生活等区域的规划及其设施。

③沿线的便道、便桥及其他临时设施。

④基本生产、辅助生产、服务生产设施的平面布置。

⑤安全消防设施。

⑥施工防排水临时设施。

⑦新建线路中线位置及里程或主要结构物平面位置。

⑧标出需要拆迁的建筑物。

⑨划分的施工区段。

⑩取土和弃土场位置。

⑪标出已有的公路、铁路线路方向和位置与里程及与施工项目的关系，以及因施工需要临时改移的公路的位置。

⑫控制测量的放线标桩位置。

（二）公路工程施工总平面布置图的设计原则

公路工程施工总平面布置图的设计是一项综合性的规划课题，在很大程度上取决于施工现场的具体条件，必须通过方案的比较和必要的计算与分析才能确定。公路工程施工总平面布置图应遵循以下设计原则：

①在保证施工顺利的前提下，充分利用原有地形、地物，少占农田，因地制宜，以降低工程成本。

②充分考虑水文、地质、气象等自然条件的影响，尤其要慎重考虑避免自然灾害（如洪水、泥石流）的措施，保护施工现场及周围生态环境。

③场区规划必须科学合理，应以生产流程为依据，并有利于生产的连续性。

④场内运输形式的选择及线路的布设，应力求使材料直达工地，尽量减少二次倒运和缩短运距。

⑤一切设施和布局，必须满足施工进度、方法、工艺流程、机械设备及科学组织生产的需要。

⑥必须符合安全生产、保安防火和文明施工的规定和要求。

五、公路工程施工组织设计的评价及优化

（一）公路工程施工组织设计的评价

1. 分析劳动力需要量图

劳动力需要量图可以表明劳动力需要量与施工期限之间的关系，它是衡量施工组织设计是否合理的重要标志。在编制施工进度时，应以劳动力需要量均衡为原则，对施工进度做恰当安排和必要的调整。

2. 采用工程进度曲线进行评价

在公路工程项目施工初期，应进行临时工程建设或作各项施工准备工作，劳动力和施工机械的投入逐渐增多，每天完成的工作量也逐渐增加，所以施工速度逐渐加快，同时也表明施工投入逐渐加快，即工程进度曲线的斜率逐渐增大，此阶段的曲线呈凹形。

在公路工程项目施工稳定期间，施工机械和劳动力投入最大且保持不变时，若不出现意外作业时间损失，且施工效率正常，则每天完成的工作量大致相等，

投入施工的费用也大致相等，这时施工速度近似为常数，工程进度曲线的斜率几乎不变，故该阶段的曲线接近为直线。

在公路工程项目施工后期，主体工程项目已完成，剩下修理加工及清理现场等收尾工作，劳动力和施工机械逐渐退场，每天完成的工程量逐渐减少，施工投入也减少，此时施工速度也逐步放慢即工程进度曲线的斜率逐步减小，此阶段的曲线则为凸形。

施工组织设计完成后，通过对施工进度曲线的形状分析，可以定性分析施工组织设计中工作内容安排的合理性，并可利用进度曲线对进度进行合理安排。同时利用进度曲线还可以在公路工程项目实施的过程中对施工中的进度、费用进行控制。

3. 分析技术经济指标

技术经济指标主要包括施工周期、全员劳动生产率、劳动力不均衡系数、工程机械化程度、综合机械化程度等。

施工周期指某工程项目从开工到全部投产所用的时间。

全员劳动生产率等于完成的建安工作量（元）除以全体职工平均人数。每月的全员劳动生产率应力求均衡。

劳动力不均衡系数，即施工期高峰人数与施工期平均人数之比，接近于 1 为好。

工程机械化程度 =（某工种工程利用机械完成的实物量 / 某工种工程完成的全部实物量）× 100%

综合机械化程度 =[$\sum$（每一工种工程利用机械完成的实物量总量 × 每一工种工程人工定额工日）/$\sum$（各工种工程完成的全部实物量 × 各工种工程人工定额工日）] × 100%

（二）公路工程施工组织设计中施工方案的优化

施工方案的优化主要通过对施工方案的经济、技术比较，选择最优的施工方案，达到加快施工进度并能保证施工质量和施工安全，降低消耗的目的。施工方案的优化主要包括施工方法的优化、施工顺序的优化、施工作业组织形式的优化、施工劳动组织的优化、施工机械组织的优化等。

①施工方法的优化要能取得好的经济效益，同时还要有技术上的先进性。

②施工顺序的优化是为了保证现场秩序，避免混乱，实现文明施工，取得好快省而又安全的效果。施工顺序的优化又分为同类工程的施工顺序优化和单位工程施工顺序优化。

　　a.同类工程的施工顺序优化，实际上是提高计划安排的经济效益的一种方法。

　　b.单位工程施工顺序优化。任何一个建筑物或构筑物都是由许多分项工程（工种工程和结构构件）构成的。所以，就一个单位工程来说，施工方案的优化不仅要分别解决各项工程的施工方法与机具选择问题，还要正确处理它们的关系和联系。

　　③施工作业组织形式的优化是指作业组织合理采取顺序作业、平行作业、流水作业三种作业形式的一种或几种的综合方式。

　　④施工劳动组织的优化是指按照工程项目的要求，将具有一定素质的劳动力组织起来，选出相对最优的劳动组合方案，使之符合工程项目施工的要求，投入施工项目中去。分工与协作是施工劳动组织优化的基本原理，从基本原理出发，施工劳动组织的优化应符合下列原则：

　　a.能够按工程项目总体施工计划要求，按时、按质、按量完成预定的分项和分部工程的全部施工任务。

　　b.各队、班（组）之间的作业基本平衡，并且符合各自的特点：班（组）内各工种及每个人的工作量达到满负荷。

　　c.投入项目人工日数不超过项目人力全员计划的总数。施工队、班（组）的工人技术平均等级不高于定额规定的平均等级。各队、班组的工人技术等级要成比例地合理搭配，不能全高，也不能全低。施工队、班（组）的工人施工水平不能低于规定的施工定额水平。

　　⑤施工机械组织的优化就是要从施工机械仅仅满足施工任务的需要转到如何发挥其经济效益上来，也就是要从施工机械的经济选择、合理配套、机械化施工方案的经济比较以及施工机械的维修管理上进行优化，这样才能保证施工机械在项目施工中发挥巨大的作用。

（三）公路工程施工组织设计中资源利用的优化

　　资源利用的优化主要包括物资采购与供应计划的优化、机械需要计划的优化。

　　物资采购与供应计划的优化就是在工程项目建设全过程中对项目物资供需活动进行计划，必要时需调整施工进度计划。

　　机械需要计划的优化就是尽量考虑如何提高机械的出勤率、完好率和利用率，充分发挥机械的生产效率。

第二节　公路工程施工中技术管理

一、公路工程施工技术交底

（一）公路工程施工技术交底的进行

施工技术交底是作业指导书的一种，是保证工程施工符合设计要求和规范、质量标准和操作工艺标准规定，用以具体指导施工活动的操作性技术文件。技术交底应按不同层次、不同要求和不同方式进行，应使所有参与施工的人员掌握所从事工作的内容、操作规程方法和技术要求。

①项目经理部的技术交底工作由项目经理组织，项目总工程师主持实施。凡技术复杂（包括推行新技术）的重点工程、重点部位，应由总工程师向主任工程师、技术队长及有关职能部门负责人交底，明确关键性的施工技术问题、主要项目的施工方法和特殊工程的技术、材料要求及注意事项等内容。普通工程应由主任工程师参照上述内容进行。

②工长（技术队长）负责组织向本责任区内的班组交底。施工队一级的技术交底，由施工技术队长负责向技术员、施工员、质量检查员、安全员以及班组长进行交代，对所承担的工程数量、要求期限、图纸内容、测量放样、施工方法、质量标准、技术措施、操作要求和安全措施等方面应重点进行技术交底。

③施工员向班组的交底工作是各级技术交底的关键。施工员向班组交底时，要结合具体操作部位，贯彻落实上级技术领导的要求，明确关键部位的质量要求、操作要求及注意事项，制订保证质量、安全的技术措施，对关键性项目、部位、新技术的推行项目应反复、细致地向操作组进行交底，必要时应做文字交底或示范操作。

④对于分包工程，项目经理部应向分包单位详细地就承包合同中有关技术管理、质量要求、工程监理和竣工验收办法以及合同规定中双方应承担的经济合同法律责任等内容进行全面交底。

（二）公路工程施工技术交底的主要内容

公路工程施工技术交底的内容包括承包合同有关条款、设计图、设计文件规定的技术标准、施工技术规范和质量要求、施工进度和总工期、拟采用的施工工艺方法和材质要求、技术安全措施等。对于重点工程、重点部位、特殊工程、新结构、新工艺、新材料的工程，更要做详细的技术交底。具体的有以下方面：

①承包合同中的施工技术管理和监理办法，合同条款规定的法律、经济责任和工期。

②设计文件、施工图及说明要点等内容。

③分部、分项工程的施工特点、质量要求。

④施工技术方案。

⑤工程合同技术规范、使用的工法或工艺操作规程。

⑥材料的特性、技术要求及节约措施。

⑦季节性施工措施。

⑧安全、环保方案。

⑨各单位在施工中的协调配合、机械设备组合、交叉作业及注意事项。

⑩试验工程项目的技术标准和采用的规程。

⑪适应工程内容的科研项目、"四新"项目等先进技术推广应用的技术要求。

（三）公路工程施工技术交底的方式

1. 口头交底

这种交底方式不限于形式、地点、时间，可利用茶前饭后、班前班后随时将需要交代的问题说清楚就行。例如，工地上的材料堆放、零星工程等技术要求不复杂，易操作，且工程量小的项目可使用口头交底。

2. 示范交底

对于新工艺、新技术、新机具、新材料的使用，应有技术精湛的工人当众进行操作示范，演示在操作中应注意的动作要领，并进行必要的分析解释。

3. 挂牌交底

对于施工做法类似、容易混淆的工艺或数据，可应用挂牌交底。例如，混凝土（砂浆）的配合比交底、细部工艺做法等应采用挂牌交底。这种交底方式比较醒目，便于记忆，方便检查。

4. 卡（名）片交底

把施工中使用频率比较高的施工工艺、质量标准、成品保护条例、安全条例等，印刷成名片的形式，由技术员填写工程名称、时间、需要特殊说明的内容后，签发给班组或个人。这样既可以减少技术人员的重复工作又能起到较好的效果。

5. 样板交底

对于施工技术难度较大，工艺复杂的工程项目，可先派有技术有经验的操作人员做出样板，然后让全体操作人员进行观摩，要求按样板进行操作施工，按样板进行验收。这种方法能够切合实际，一目了然，有标准可依，是建筑工程施工中常用的措施。

6. 文字（书面）交底

文字（书面）交底是施工技术人员交底的最基本的方式。

（四）公路工程施工技术交底编写应遵循的原则

①所写的内容必须针对工程实际，不可弃工程实际而照抄规范、标准和规定。

②所写内容必须实事求是，切实可行，对规范、标准和规定，不能因施工人员素质不高而降低。

③交底内容，必须重点突出，全面具体，确保达到指导施工的目的。

④交底工作必须在开始施工以前进行，要有预见性和告诫性。

⑤编写的程序和内容应力求科学化、标准化，表达方式应通俗易懂。

（五）公路工程施工技术交底编制的依据

①国家、行业、地方标准、规范、规程，当地主管部门有关规定，以及企业技术标准及质量管理体系文件。

②工程施工图纸、标准图集、图纸会审记录、设计变更及工作联系单等技术文件。

③施工组织设计、施工方案。

④其他有关文件，如有关工程管理、技术推广、质量管理及治理质量通病等方面的文件等。

二、公路工程设计变更及其管理

（一）公路工程设计变更的定义

公路工程设计变更是指公路工程项目初步设计文件或一阶段施工图设计文件批准之日起至通过竣工验收正式交付使用之日止，对批准的初步设计文件、技术设计文件或施工图设计文件所进行的修改、完善和调整等行为，包括优化设计、完善设计和新增工程。

优化设计是指在工程正式开工之后，通过现场勘察、核对、分析、论证和比选，在保证使用安全和不降低技术标准的前提下，通过新技术、新工艺和新材料的应用，对原设计进行优化的变更行为，其目的是保证质量、减少病害、方便施工、降低造价、缩短工期、利于养护、减少运营费用以及节能环保、节约用地等。对设计工程取消实施或分期修建等变更行为不属于优化设计。

完善设计是指工程正式开工之后，发现因测量勘察深度不足、调查预测失当，导致设计方案不合理、设计错漏，或因项目实施过程中新颁布生效的国家、部、省标准、技术规范等原因，必须对原设计文件进行修改、完善和补充的变更行为。

新增工程是指工程正式开工之后，至项目进行竣工验收之前，因社会经济发展或提高服务水平等方面的需要，对原批准设计规模新增内容并予以实施的变更行为。

（二）公路工程设计变更的分类划分

公路工程设计变更分为重大设计变更、较大设计变更和一般设计变更。

1. 重大设计变更

有下列情形之一的属于重大设计变更：

①连续长度 10km（包括 10km）以上的路线方案调整的；

②特大桥的数量或结构型式发生变化的；

③特长隧道的数量或通风方案发生变化的；

④互通式立交桥的数量发生变化的；

⑤收费方式及站点位置、规模发生变化的；

⑥超过初步设计批准概算的。

2. 较大设计变更

有下列情形之一的属于较大设计变更：

①路线起讫点和主要控制点发生变化的；

②连续长度 5km（包括 5km）以上的路线方案调整的；

③局部技术标准，包括技术等级、路基宽度、设计荷载等级发生变化的；

④高速公路连接线的标准和规模发生变化的；

⑤路面结构类型（不含外掺剂及黏结材料等）发生变化的；

⑥大桥的数量或结构型式发生变化的；

⑦分离式立交桥（满足大桥标准）的数量或结构型式发生变化的；

⑧非特长隧道的数量或方案发生变化的；

⑨互通式立交桥的位置或方案发生变化的；

⑩监控、通信系统总体方案发生变化的；

⑪管理、养护和服务设施的数量和总规模（不含单一设施规模）发生变化的；

⑫单项工程规模或技术方案（不含路基填料及运距、不良地质处理、隧道围岩级别、防护及排水工程等）发生变化，变更费用增减总额大于或等于500万元（高速公路1000万元）的或需要调增已批准施工图预算的。

3. 一般设计变更

一般设计变更是指除重大设计变更和较大设计变更以外的其他设计变更行为。

（三）公路工程设计变更的产生原因

①经过会审后的施工图，在施工过程中，发现施工图仍有差错或与实际情况不符。

②因施工条件发生变化与施工图的规定不符。

③材料、半成品、设备等，与原设计要求不符。

（四）公路工程设计变更的审批管理

①重大设计变更由省级交通运输管理部门审查后上报原初步设计审批部门审批；较大设计变更由项目建设单位（建设单位分级管理的，由项目法人单位负责）审查后上报省级交通运输管理部门审批；一般设计变更由项目建设单位审批。

②按一阶段施工图设计的项目，当发生重大或较大设计变更时，由一阶段施工图设计审批部门审批。

③当施工图设计与初步设计有重大或较大设计方案变化时，应在施工图设计批复之前一次性履行设计变更审批程序。

④未经审查批准的设计变更不得实施。任何单位不得肢解设计变更，规避审批。

⑤经批准的设计变更一般不得再次变更。

⑥对需要进行紧急抢险的公路工程设计变更，项目建设单位可先进行紧急抢险处理，同时按照规定的程序办理设计变更审批手续，并附相关的影像资料说明紧急抢险的情形。

⑦重大和较大设计变更审批还应满足行政许可的有关要求。

（五）公路工程设计变更的提出

①公路工程勘察设计、施工及监理等单位可以向项目建设单位提出公路工程设计变更的申请。

②根据公路工程项目的实际情况，项目建设单位可以直接做出一般设计变更的决定，也可以直接对重大或较大设计变更提出申请。

三、公路工程施工测量管理

（一）测量复核签认的规定

测量工作必须严格执行测量复核签认，以保证测量工作质量，防止错误，提高测量工作效率。为此必须做到以下几点：

①测量队应核对有关设计文件和监理签认的控制网点测量资料，工作应由两人独立进行，核对结果应做记录并进行签认，成果经项目技术部门主管复核签认、总工程师审核签认后方可使用。

②测量外业工作必须有多次观测，并构成闭合检测条件。控制测量、定位测量和重要的放样测量必须坚持"两人两种方法"制度，坚持采用两种不同方法（或不同仪器）或换人进行复核测量。利用已知点（包括平面控制点、方向点、高程点）进行引测、加点和施工放样前，必须坚持"先检测后利用"的原则。

③测量后，测量成果必须采用两组独立平行计算进行相互校核，测量队长、测量组长应对各自的测量成果进行复核签认。

④各工点、工序范围内的测量工作，应由测量组自检复核签认；分工衔接上的测量工作，应由测量队或测量组进行互检复核和签认。

⑤项目测量队组织对控制网点和测量组设置的施工用桩及重大工程的放样进行复核测量，经项目技术部门主管现场进行检查签认、总工程师审核签认合格后，报驻地监理工程师审批认可。

⑥项目经理部总工和技术部门负责人应对测量队、组执行测量复核签认制进行检查，并做好检查记录。测量队应对测量组执行测量复核签认制进行检查，并做好检查记录。

（二）测量记录与测量资料管理应做的工作

①测量记录与资料必须分类整理、妥善保管，作为竣工文件的组成部分归档。测量记录与资料具体包括：项目交接桩资料，监理工程师提供的有关测量

控制网点、放样数据变更文件；项目及各工点、各工序测量原始记录，观测方案布置图，放样数据计算书；测量内业计算书、测量成果数据图表；计量器具周期检定文件。

②控制测量、每项单位工程施工测量必须分别使用单项测量记录本。测量记录统一使用水平仪簿和经纬仪簿。

③一切原始观测值和记录项目在现场记录清楚，不得涂改，不得凭记忆补记、补绘。

④记录中不准连环更改，不合格时应重测。手簿必须填写页次，注明观测者、观测日期、起始时间、终止时间、气象条件、使用的仪器和舰标类型及编号，并详细记载观测时的特殊情况。凡删掉的观测记录，应注明原因，予以保存，不得撕毁。

⑤测量队、组应设专人管理原始记录和资料，建立台账，及时收集，按单位工程分项整理立卷。因人事变动所涉及的测量记录和资料，应由测量队、组长主持办理交接手续。工点工程竣工测量完成后，测量组应将全部测量记录资料整理上交测量队。

⑥经测量队检查合格后，经理部方可验收工程。项目工程完工、线路贯通竣工测量完成之后，测量队应将项目全部测量记录和资料档案，分类整理装订成册，上交项目经理部技术部门，经验收合格后，双方办理交接手续。项目经理部按交工验收的要求将测量记录资料编入竣工文件。

⑦内业计算前应复查外业资料，核对起算数据。计算书要书面整洁，计算清楚，格式统一。计算者、复核者要签认。

（三）公路工程测量仪器、工具

公路工程施工常用测量仪器主要有水准仪、经纬仪、光电测距仪、全站仪（包括舰标、水准尺等附属工具）。测量工具主要指量距尺、温度计、气压计。测量仪器工具的使用和保管应注意以下方面。

①测量仪器、工具使用人员，必须认真学习仪器说明书，熟悉各部分性能、操作方法和日常保养知识，了解各种仪器使用时必须具备的外部环境条件。仪器精度与性能应符合合同条件及规范要求，仪器的配置与使用范围应经项目总工程师签认确定。

②测量仪器、工具在使用前，应到国家法定计量技术检定机构进行检定。当测量仪器、工具出现下列情况均视为不合格：已经损坏；过载或误操作；显示不正常；功能出现了可疑；超过了规定的周检确认时间间隔；仪表封缄的完

整性已被破坏。出现了不合格项的测量仪器、工具，必须停止使用，隔离存放，并做明显标记。只有排除不合格原因，再次检定确认合格，并经项目技术部门主管验证签认后，方可使用。

③测量仪器在使用时，应达到其要求的环境条件。条件不具备时，不得架立、使用仪器。仪器架立后司仪人员应专心守护，不得擅自离开。

④测量仪器转站，严禁将带支架的仪器横杠肩上。经纬仪、光电测距仪和全站仪转站必须装箱搬运。行走困难地段，所有仪器必须装箱护行搬运。测量收工必须按说明书规定擦拭仪器装箱。携带仪器乘车必须将仪器箱放在座位上，或专人怀抱，不得无人监管任其受振。

⑤项目经理部的测量队应建立仪器总台账、仪器使用及检定台账，测量组也应建立相应的分账。

⑥仪器档案由项目技术部门保存原件，测量队、组长保存复印件，复印件随仪器装箱。仪器使用者负责使用期间的仪器保管，应防止受潮和丢失。测量仪器应做到专人使用、专人保管。不得私自外借他人使用。

（四）公路工程对试验检测机构的要求

①检测机构等级应满足工程检测需要，检测机构等级是依据检测机构的公路工程试验检测水平、主要试验检测仪器设备及检测人员的配备情况、试验检测环境等基本条件对检测机构进行的能力划分。公路工程专业分为综合类和专项类。公路工程综合类设甲、乙、丙三个等级。公路工程专项类分为交通工程和桥梁隧道工程。

②检测机构在同一公路工程项目标段中不得同时接受业主、监理、施工等多方的试验检测委托。

③检测机构依据合同承担公路水运工程试验检测业务，不得转包、违规分包。

④检测人员分为试验检测工程师和试验检测员。检测机构的技术负责人应当由试验检测工程师担任。试验检测报告应当由试验检测工程师审核、签发。

四、公路工程施工试验管理

（一）设立工地试验室的要求

①公路施工过程中，施工单位应建立为现场进行工程质量控制及所需其他试验的规模齐全、设施配套的工地试验室。工地试验室应配备既有理论又有实

践经验的工程师负责试验工作。

②除在施工的合同段内设置一个工地试验室外，同时应根据现场需要，增设若干个流动试验站。

③开始工作之前，应将工地试验室和流动试验站所在位置和面积、配备的仪器、器具等全部物品清单（含主要仪器的型号、规格、性能和说明等）报监理工程师审批。

④工地试验室（站）的仪器、器具应在开始工作前配齐，保证在工程建设期间正常运转使用。

⑤工地试验室（流动试验室）的各种试验工作，均应统一按合同列明的或正式颁布的国家标准及部级行业标准进行。

⑥各种试验均应采用统一的表格进行记录、报告和采用统一的方法进行整理、保存。

（二）原材料验证试验的规定

①项目经理部必须严格控制工程进场材料的质量、型号、规格。项目在采购材料之前，材料采购部门应填写材料试验检验通知单交项目试验室，由项目试验室主任指派试验人员配合材料采购人员到货源处取样，进行性能试验。经检验合格的材料，方可与供应方签订供应合同。

②项目试验室应对进场的主要原材料按施工技术规范规定的批量和项目进行检测试验。对于进场的原材料，试验频次较多，试验站（点）的试验人员应按规定频率进行取样送样，取样要有代表性，一旦发现有弄虚作假的，严厉惩罚当事人。

③没有出厂合格证或试验单的材料及型号规格与图纸要求不符的材料，一律不得在工程上使用。一旦发现应及时向上级技术负责人反映，通报工地材料员和试验员，及时取样做试验，及时提供材质证明和试验单。

④进场的材料要做到材质证明随材料走，材质证明要与所代表材料相符，做好材料的标识、标志。

（三）标准试验管理的规定

标准试验是对各项工程的内在品质进行施工前的数据采集，它是控制和指导施工的科学依据，包括各种标准击实试验、集料的级配试验、混合料的配合比试验、结构的强度试验等。标准试验应按以下要求进行：

①在各项工程开工前合同规定或合理的时间内，应完成标准试验，并将试验报告及试验材料提交监理工程师中心试验室审查批准。

②监理工程师中心试验室应在承包人进行标准试验的同时或以后，平行进行复核（对比）试验，以肯定、否定或调整承包人标准试验的参数或指标。

（四）工艺试验管理的规定

工艺试验是依据技术规范的规定，在动工之前对路基、路面及其他需要通过预先试验方能正式施工的分项工程预先进行的试验。工艺试验应按以下要求进行：

①提出工艺试验的施工方案和实施细则并报监理工程师审查批准。

②工艺试验的机械组合、人员配额、材料、施工程序、预埋观测以及操作方法等应有两组以上方案，以便通过试验做出选定。

③试验结束后应提交试验报告，并经监理工程师审查批准。

（五）试验、检测记录管理的要求

①试验室对试验检测的原始记录和报告应印成一定格式的表格，原始记录和报告要实事求是、字迹清楚、数据可靠、结论明确，同时应有试验、计算、复核、负责人签字及试验日期，并加盖试验专用公章。

②工程试验检测记录应使用签字笔填写，内容应填写完整，没有填写的地方应画"—"。

③原始记录是试验检测结果的如实记载，不允许随意更改，不许删减。

④原始记录如果需要更改，作废数据应画两条水平线，并将正确数据填在上方，同时加盖更改人印章。

⑤由于试验室记录类别多，应由专人负责整理记录，规定文件资料借阅、查找制度。对外发出的报告及上报的资料应建立总台账。

⑥试验室所有的质量记录，应根据合同规定要求向业主提供足够份数，其余质量记录应由试验室装订成册上交公司档案室。

⑦当所有规定的工程原材料检验、过程检验和试验均已完成，试验室应将所有的试验记录、报告以及分项工程、分部工程和单位工程的评定结果等资料，按交工验收要求整理成册，准备交工验收。

第三节 公路工程施工后技术管理

一、公路工程施工技术总结管理

（一）施工技术总结概述

施工技术总结分为工程综合总结和专题技术总结。对于大、中型建设项目，应编写全面的综合性的工程总结，工程总结初稿一般应在工程基本竣工、尚未正式验交前完成。工程验交后，工程总结应于三个月内完成。

对于建设项目中的重点、难点工程及施工中采用的新技术、新工艺、新材料、新设备、新结构、特殊施工方法、机械化施工及工程质量、施工安全等方面的经验，应编写专题技术总结。专题技术总结应附于建设项目工程总结后面，成为建设项目施工技术总结的一部分，也可独立成册，上报上级业务部门。

1. 工程综合总结的内容

①全线工程概况。

②自然条件。

③施工特点。

④主要技术条件和标准。

⑤人力部署及施工准备工作。

⑥全面施工阶段。

⑦工程收尾配套阶段。

⑧重大施工技术关键问题及采取的措施。

⑨采用新技术情况。

⑩重大设计变更。

⑪工程质量、施工安全、组织指挥、物资供应、机械设备、运输保障等方面的主要情况及经验教训。

⑫验收交接对工程的评价。

⑬工程数量、劳务、材料、投资、灾害损失、主要经济技术指标等统计资料。

⑭全线平面缩图、纵断面缩图及地面地理位置图。

⑮有关图表、照片。

⑯重点、难点工程及专题技术总结。

2.专题技术总结的内容

①工程概况。

②施工条件。

③主要施工方法。

④采用新技术情况及测量试验资料。

⑤施工中重大技术问题处理情况。

⑥工期、造价、工效、安全、质量、节约方面的综合分析，材料、机械设备的消耗使用资料。

⑦有关的照片、图表。

（二）施工技术总结的编写要求

①编写施工技术总结要严肃认真、实事求是、理论联系实际，要充分反映工程的成绩和经验，如实写出存在问题和缺点。

②施工技术总结应能反映施工中的重要环节，关键处要叙述清楚，必要时附图表、照片。

③统计数字应力求准确，要反复核实，并应与竣工数量相一致。

④施工技术总结应内容充实、抓住重点、分析深入、文字简练、数据准确、图表清楚，要用事实和数据说明问题。

⑤在开工时就应注意编写资料，指定专人进行施工技术总结，并应在工程竣工后规定的期限内整理出施工技术总结。

二、公路工程施工技术档案管理

（一）技术档案和技术资料的区别

①技术资料是施工活动中，为参考目的而收集和复制的技术文件材料（包括图纸，照片、报表、文字材料等），它不是本单位施工活动中自然形成的，技术档案则是本单位在工程建设中直接产生和自然形成的。

②技术资料主要是通过交流、赠送、购买等方式收集的，它对建设工程不具有工作依据和必须遵照执行的性质，它是一种参考资料。技术档案则是本建设工程施工过程中自然形成的技术文件材料转化过来的，是本工程的施工直接成果，对施工起着指导和依据的作用。

（二）公路工程技术档案管理工作的任务与整理的原则

公路工程技术档案管理工作的任务是按照一定的原则和要求，系统地收集记录公路工程建设过程中具有保存价值的技术文件材料，并按归档制度加以整理，以便完工验收后完整地移交给有关技术档案管理部门。

为做好公路工程技术档案的整理工作，必须注意搞好日常工程技术文件的管理工作。公路工程技术档案的整理原则包括以下几点：

①施工企业应根据实际需要建立和健全公路工程技术文件的专职管理机构。

②公路工程技术档案的系统整理是在公路工程技术档案材料全面收集基础上，对公路工程技术档案材料进行科学的分类和有秩序的排列。分类应符合公路工程技术档案本身的自然形成规律。

③公路工程技术档案分类，一般按工程项目分，使同一项公路工程的技术档案都集中在一起，而每一类下，又可按专业分为若干类。

④公路工程技术档案的目录编制应通过一定形式，按照一定要求，总结整理成果，揭示公路工程技术档案的内容和它们之间的联系，便于检索。

（三）公路工程施工技术档案的内容

①竣工图表，包括变更设计一览表、变更图纸、工程竣工图。

②公路工程管理文件，包括施工组织机构及人员、岗位责任划分、施工组织设计、技术交底文件、会议纪要等。

③施工质量控制文件，包括工程质量管理文件、材料及标准试验资料、施工工序资料、缺陷责任期资料。

④施工安全及文明施工文件。

⑤进度控制文件。

⑥计量支付文件。

⑦合同管理文件。

⑧施工原始记录。

（四）公路工程质量管理文件的内容

①公路工程质量往来文件。

②公路工程质量自检报告及工程质量检验评定资料。

③公路工程质量事故及处理情况报告、补救后达到要求的认可证明文件。

④桥梁荷载试验报告。

⑤桥梁基础检验汇总资料。

⑥施工中遇到的非正常情况记录、处理方案、施工工艺、质量检测记录及观察记录。

⑦交工验收时施工单位的自检评定资料。

（五）公路工程材料及标准试验的档案资料

①原材料、外购成品、半成品抽检试验报告及资料。

②外购材料（产品）出厂合格证书、检验报告及质量鉴定报告。

③各种标准试验、配合比设计报告。

（六）路基工程施工工序的档案资料

1. 路基土石方工程

①地表处理资料。

②不良地质处理方案、施工资料、检测资料。

③分层压实资料。

④路基检测、验收资料。

⑤分段汇总资料。

2. 防护工程

①基坑放样、开挖处理、试验检测资料。

②各工序施工记录、检测、试验资料。

③成品检测资料。

④砂浆（混凝土）强度试验资料。

3. 小桥工程

①基坑放样、开挖处理、试验检测资料。

②基础施工检查、试验资料，桩基检测资料。

③各分项施工工序检查、成品检测资料。

④砂浆强度、混凝土强度、台背回填压实度等试验报告及汇总表。

4. 排水工程

①基坑放样、开挖处理、试验检测资料。

②各施工工序检查、成品检测资料。

③砂浆、混凝土强度试验资料。

5. 涵洞工程

①基坑放样、开挖处理、试验检测资料。

②各施工工序检查、成品检测资料。

③砂浆强度、混凝土强度、台背回填压实度等试验报告及汇总表。

（七）路面工程施工工序的档案资料

①施工工序检查资料。

②材料配合比抽检（油石比、马歇尔试验等）资料。

③压实度、弯沉、强度等试验检测报告及汇总资料。

（八）桥梁工程施工工序的档案资料

①基坑放样、开挖处理、试验检测资料。

②基础施工检查、试验资料，桩基检测资料。

③墩台、现浇构件、预制构件、预应力等施工工序检查、成品检测资料。

④各工序施工、检测记录。

⑤砂浆强度、混凝土强度、台背回填压实度等试验报告及汇总表。

⑥引道工程施工检测、试验资料。

（九）隧道工程施工工序的档案资料

①洞身开挖施工、检查资料。

②衬砌施工、检验资料。

③隧道路面工程施工、检查资料。

④照明、通风、消防设施施工、检查资料。

⑤洞口施工检查资料。

⑥各种附属设施检验施工资料。

⑦各环节工序检查、验收资料。

⑧隧道衬砌厚度、混凝土（砂浆）强度试验检测资料。

（十）交通安全设施施工工序的档案资料

①各种标志牌制作安装检查记录。

②标线检查资料、施工记录。

③防撞护栏、隔离栅及附属设施施工、检查资料。

④照明系统施工、检测资料。

⑤各中间环节检测资料。

⑥成品检测资料。

（十一）公路工程施工原始记录的内容

①施工日志。

②天气、温度及自然灾害记录。

③测量原始记录。

④各工序施工原始记录。

⑤会议记录、纪要。

⑥施工照片、音像资料。

⑦其他原始记录。

第八章　公路工程施工安全管理

第一节　公路工程施工安全管理概述

公路工程项目的施工安全管理，就是公路工程项目在施工过程中，组织安全生产的全部管理活动。通过对生产因素具体的状态控制，使生产因素不安全的行为和状态尽量减少或消除，不引发人为事故，尤其不引发或不发生使人受到伤害的事故。安全生产是施工项目重要的控制目标之一，它关系到施工企业的经济效益和施工企业的形象，也是衡量施工企业管理水平的重要标志。因此，在公路工程施工的过程中，必须把施工安全管理当作组织施工活动的重要任务。

一、施工安全管理的范围

施工安全管理的中心任务，是按照国家和有关部委的关于安全生产的法规，保护在生产活动中人的安全与健康，保证施工活动的顺利进行。宏观的施工安全管理主要包括劳动保护管理、安全技术管理和劳动卫生管理三个方面，三者之间既相互联系，又相互独立。

（一）劳动保护管理

劳动保护管理是从立法上和组织上研究劳动保护的科学管理办法，为保护劳动者在生产过程中的安全和健康所采取的各种组织措施，其主要侧重于政策、规程、条例、制度、规范等方面。

（二）安全技术管理

安全技术管理是为防止劳动者在生产过程中发生工伤事故所采取的各种技术措施。其侧重于对"劳动手段和劳动对象"的管理，主要包括预防伤亡事故的工程技术和安全技术规范、技术规定、标准、条例等。

（三）劳动卫生管理

劳动卫生管理是为保护劳动者身体健康，防止劳动者在生产过程中发生职业中毒和职业病危害，所采取的各种组织技术措施。如对生产过程中的高温、粉尘、振动、噪声的管理就属于劳动卫生管理。从生产管理的角度来看，安全管理可概括为在进行生产管理的同时，通过采用计划、组织、技术等手段，依据并适应生产中人、物、环境因素的运动规律，使其充分发挥积极作用，有利于减少和杜绝事故发生的一切管理活动。

二、安全生产法规

中华人民共和国成立以来，党和政府十分重视职工的安全和健康，始终把安全生产当作一件大事来抓，每年召开多次安全生产会议，强调安全生产责任制。早在 1986 年，国务院把安全生产方针概括为八个字，即"安全第一、预防为主"。这个基本方针，为我国制定安全生产法规奠定了理论基础，也为树立"生产必须安全、安全促进生产"的辩证思想奠定了基础。

（一）国家法律中有关安全生产的条文

《中华人民共和国宪法》第 42 条规定：国家通过各种途径，创造劳动就业条件，加强劳动保护，改善劳动条件，并在发展生产的基础上，提高劳动报酬和福利待遇。其中，"加强劳动保护，改善劳动条件"，是国家以最高法律形式确定的安全生产原则，每个施工企业必须遵循，一切违背这一原则的做法都是违法的。

《中华人民共和国刑法》第二章第 134 条规定："在生产、作业中违反有关安全管理的规定，因而发生重大伤亡事故或者造成其他严重后果的，处三年以下有期徒刑或者拘役；情节特别恶劣的，处三年以上七年以下有期徒刑。"第 136 条规定："违反爆炸性、易燃性、放射性、毒害性、腐蚀性物品管理规定，在生产、储存、运输、使用中发生重大事故，造成严重后果的，处三年以下有期徒刑或者拘役；后果特别严重的，处三年以上七年以下有期徒刑。"

《中华人民共和国刑法》第九章第 397 条规定："国家机关工作人员滥用职权或玩忽职守，致使公共财产、国家和人民利益遭受重大损失的，处三年以下有期徒刑或者拘役。"

从以上安全生产的法律、法规可以看出，党和国家对安全生产是高度重视、规定严格、奖罚分明的。施工企业的全体干部、职工必须认真学习、严格遵守国家关于安全生产的法律、法规、条例、规程，贯彻"安全第一、预防为主"的方针，切实搞好施工过程中的安全生产工作。

（二）公路工程安全管理的要求

1. 管生产必须管安全原则

管生产必须管安全的原则即负责生产管理的经理、副经理在抓生产的同时必须将安全管理工作一并考虑进来，做到生产和安全两手都要抓、两手都要硬。

2. 谁主管谁负责原则

谁主管谁负责的原则即项目部主管安全的经理、副经理对职责范围内的安全管理工作负责。

3. 预防为主原则

安全管理工作重在预防，事故的不确定性的特点使我们在时间、地点、规模上不能将其量化，因此我们只能将重点工作放在预防事故发生方面。

4. 动态管理原则

安全管理过程是一个动态的管理过程，随着工程施工的进展，安全管理的内容和重点也在发生着变化，所以在公路工程施工安全管理方面我们要坚持动态管理的原则。

5. 计划性、系统性原则

安全管理的两个显著特点即计划性和系统性。安全管理和其他管理大同小异，都要列入年度或月度计划中去，所以安全管理要坚持计划性的原则；另外安全管理作为一种企业管理模式也具有一定的系统性，它包括在企业管理的大系统当中，同时安全管理自身也是一个系统，本身具有一定的整体性、相关性、目的性等。

6. 奖励和惩罚相结合原则

奖励和惩罚相结合的原则即在公路工程安全管理当中既要采用奖励的管理手段，同时也要采用惩罚的管理手段，奖优罚劣，做到奖励和惩罚相结合。

7. 以人为本、关爱生命原则

以人为本、关爱生命的原则即在公路工程安全管理中，要处处做到把人的安全放到首位，关注安全、关爱生命。

8. "五同时"原则

"五同时"的原则，即施工企业新建、改建或扩建项目的安全设施必须与主体工程项目同时计划、同时布置、同时检查、同时总结、同时评比验收。

9. "一票否决"原则

"一票否决"的原则即对发生重特大事故的项目、部门和单位，将实行安全生产"一票否决"，取消评优评先和领导干部晋职晋级的资格。

三、安全生产管理

（一）安全生产管理组织

①项目公司成立由总经理任组长，副总经理、总工程师、各部门经理为组员的安全管理小组，全面负责本单位安全生产管理，按合同规定监控施工、监理等单位安全生产管理方面的履约情况。工程施工安全生产日常管理部门为工程管理部。

②各监理办公室（以下简称"监理办"）成立相应安全生产管理小组，总监理工程师作为监理项目安全生产的第一监督责任人，各合同段驻地监理工程师负责现场安全生产监督，并制定安全生产监督细则。

③每一个合同段承包人项目经理作为施工安全第一责任人，对施工安全管理工作负有直接的责任，负责建立健全安全生产保证体系，成立安全生产工作组，制定详细的工程施工安全管理制度，安排落实施工安全措施。承包人必须取得安全生产许可证，施工单位的主要负责人、项目负责人、专项安全生产管理人员（以下简称安全生产三类管理人员）必须取得考核合格证书，方可参加工程管理及施工。

（二）安全生产宣传和教育培训

①项目公司和各监理办、各承包人要高度重视安全生产，牢固树立"安全第一、预防为主""安全就是生命、安全就是效益"的思想。项目公司每季度定期召开安全生产专题会议，加强对广大干部职工的安全生产教育，使干部职工摒弃麻痹大意的侥幸心理，从思想上重视安全生产，增强安全生产的自觉性。

②各单位要在开工前组织施工人员认真学习国家、行业、地方政府主管部门或安全委员会的有关安全生产管理的政策、法规文件，特别是《公路水运工程安全生产监督管理办法》（交通运输部令〔2017〕25号）、《公路工程施工安全技术规范》（JTG F90—2015）等，及时传达上级主管部门有关安全生产的宣传、管理文件。

③项目公司要积极组织有关施工单位参加上级主管部门安排组织的"安全生产活动周""安全生产活动月"等专项活动，经常开展安全生产检查评比活动。

④施工工地要经常性开展安全生产宣传活动，布置形式多样的宣传标语，加强施工人员用电、防火教育，提高自我防范意识。

⑤各参建单位应当对从业人员进行安全生产教育和培训，保证从业人员具备必要的安全生产知识，熟悉有关的安全生产规章制度和安全操作规程，掌握本岗位的安全操作技能。未经安全生产教育和培训合格的从业人员，不得上岗作业。特殊工种操作者需取得特种作业操作资格证书后，方可上岗作业。

（三）安全生产管理制度

①严格遵守国家、当地政府及《公路水运工程安全生产监督管理办法》（交通运输部令〔2017〕25号）、《公路工程施工安全技术规范》（JTG F90—2015）等有关安全生产管理的法律法规和标准规范。

②项目公司、监理办、施工单位要设立专项安全管理资金，在工程正式开工前要针对各单位具体情况建立系统、完善的安全生产管理规章制度，主要包括消防安全制度、保卫安全制度、用电安全制度、机械作业安全制度、高空作业安全制度、爆破安全制度、施工现场安全管理制度等。

③全面落实以各单位负责人为主的安全生产管理责任制，制定安全生产检查考评指标，安全事故责任追究制度，分级管理，层层检查落实。安全生产管理责任的确定原则是：承包人、现场施工主管、项目技术负责人、项目经理负直接责任，驻地主管监理工程师负直接监督责任，监理办高级监理工程师负监督的领导责任，项目公司工程管理部经理负直接管理责任，项目公司副总经理负直接领导责任，项目公司总经理负领导责任。

④承包人要针对工程项目特点制订生产安全事故应急预案，定期组织演练；安排专项经费并指定专人（安全员）负责施工现场安全的管理、检查工作，协调办理安全生产具体工作，进行不间断的安全管理；若发生生产安全事故，承包人应立即启动事故应急预案，组织力量抢救，并保护好事故现场；承包人应当为施工现场的人员办理意外伤害保险。

⑤承包人应对下列危险性较大的工程编制专项施工方案，并附安全验算结果，经施工单位技术负责人、监理工程师审查同意签字后实施，由专职安全生产管理人员进行现场监督。

a. 不良地质条件下有潜在危险性的土方、石方开挖。

b. 滑坡和高边坡处理。

c. 桩基础、挡墙基础、深水基础及围堰工程。

d. 桥梁工程中的梁、拱、柱等构件施工等。

e. 隧道工程中的不良地质隧道、高瓦斯隧道、水底海底隧道等。

f. 水上工程中的打桩船作业、施工船作业、外海孤岛作业、边通航边施工作业等。

g. 水下工程中的水下焊接、混凝土浇筑、爆破工程等。

h. 大型临时工程中的大型支架、模板、便桥的架设与拆除；桥梁、码头的加固与拆除。

i. 其他危险性较大的工程。

监理办应当审查施工组织设计中的安全技术措施或者专项施工方案是否符合工程建设强制性标准。必要时，监理办和项目公司对专项施工方案可组织专家进行论证与审查。

⑥各承包人要每季度定期召开安全生产检查总结会，通报安全生产状况，安排下阶段安全生产工作。

⑦监理办要把安全生产监督管理作为日常管理内容之一，把有无安全生产措施、是否配备完善的安全生产设施作为是否批准分项工程开工的必要条件，并随时提醒和督促承包人加强施工现场安全生产管理；监理办在实施监理过程中，发现存在安全事故隐患的，应当要求承包人整改，必要时，可下达施工暂停指令并向项目公司报告。

⑧项目公司可对监理办、承包人的安全生产状况进行检查考评，并作为其履约的重要内容，对安全生产管理及状况进行相应的奖惩。

（四）安全生产督察与奖罚

为使安全生产管理工作成为项目公司日常管理工作的重要内容，项目公司应经常性对施工安全工作进行全面检查，查漏补缺，彻底整改，以最大可能地提高项目的安全生产率。例如，项目公司可成立安全生产管理督察组，建立奖励基金与奖惩制度，具体开展施工现场的安全生产协调、监督、检查与考评工作，以提高安全生产管理的可操作性。

1. 安全生产管理督察组的组成

项目公司成立安全生产管理督察组，组长由总经理担任，成员包括副总经理、总工程师、各部门经理、各监理办总监理工程师、各合同段项目经理（需要时召集）。工程管理部为常设办公室，指定安全管理秘书。

2. 安全生产管理奖励基金

①项目公司先期提供一定数量的资金，作为安全生产管理奖励基金，今后

安全生产方面的违章罚款全部进入奖励基金。

②对于在定期和不定期安全检查中认定的优秀承包人，以及在日常安全生产管理且成效良好的先进单位和个人，将利用安全生产管理奖励基金进行奖励。

③所有被罚款的承包人（员工的罚款由所属单位统一垫付，再由单位在发给员工的工资中扣回）应在接到安全违章处罚通知单 3 天内交项目公司财务管理部代收并转入安全奖励基金，并由财务管理部开具收据。到期不交纳则从该合同段当月中间支付中双倍扣罚。

④每季度安全督察组书面通报一次奖励基金收支使用情况。

3. 安全生产检查评比奖惩办法

①安全生产管理督察组根据施工进展情况每季度定期或不定期组织现场检查小组对施工工地现场及承包人驻地进行安全生产专项检查，并编发安全检查通报。

②每位督察组成员可独立对工地及驻地进行安全巡查，发现问题及时处理。各施工单位安全生产管理体系在开工之前必须完善，若安全管理体系不完善，人员不到位，则监理办不得批准开工。否则，一经检查发现，除下发安全违章限期整改通知单责令承包人停工整改外，还将对该承包人和监理办处以相应的罚款，下发安全违章处罚通知单。

③施工作业人员必须接受安全技术教育，熟悉和遵守本工种的各项安全技术操作规程，从事有关特殊工种的作业人员，必须按劳动管理部门的规定经过专业培训，取得上岗证后方可上岗操作。否则，一经检查发现有无上岗证的操作人员，将对承包人进行罚款。

④对于承包人施工工序、工艺、操作规程、程序等方面的安全违章（如公路口没有设立充足的安全警告标志，照明设施没有或不足，桥梁施工没有按批准的方案设立足够的安全防护设施，石方爆破安全防护设施不足，用水、用电方面的违章等），督察组根据情节严重程度可发出限期整改通知单和安全违章罚款通知单进行处罚。

⑤对施工操作人员的安全违章（如进入隧道没有戴安全帽，桥梁高空作业没有系安全带、戴安全帽，机械设备违章操作等），除责令立即整改外，还将对违章人员和直接管理者进行罚款处理，开出安全违章罚款通知单，进行一定数量金额的处罚。

⑥个人违章由督察组成员或监理办、项目公司职能部门管理人员发现后向督察组备案，违章事实要当场向承包人有关管理人员核实并记录在案，填发安

全违章处罚通知单。

⑦承包人施工工序、工艺、操作规程、程序等方面的安全违章，由督察组成员或监理办、项目公司工程管理部管理人员发现后报督察组，由督察组核实后备案，违章事实要当场向承包人有关管理人员说明并记录在案，填发安全违章整改或处罚通知单。

⑧每月月末，承包人要对本月施工安全情况进行总结，提交安全生产专题报告，经监理办会同项目公司工程管理部经理审查后交项目公司安全管理督察组。

⑨开展定期的安全检查评比活动，对安全生产状况良好和较差的承包人除通报外，将分别给予一定数额的奖励和罚款。

第二节　公路工程施工安全作业

一、路基工程施工安全作业

（一）路基工程施工安全管理的一般要求

①建立健全路基施工安全保障体系。项目经理部应建立健全路基施工安全保障体系，全面落实安全生产责任制，建立相应的安全生产预防、预警、预控、安全检查、隐患排查、事故报告与处理、应急处置等安全生产保障措施。

②施工现场布置应有利于生产，方便职工生活。施工现场的临时驻地与临时设施的设置，必须避开泥沼、悬崖、陡坡、泥石流、雪崩等危险区域，选在水文、地质良好的地段。施工现场内的各种运输道路、生产生活房屋、易燃易爆仓库、材料堆放，以及动力通信线路和其他临时工程，应按照《公路工程施工安全技术规范》（JTG F90—2015）的有关规定绘出合理的平面布置图。

③施工现场内的坑、沟、水塘等边缘应设安全护栏，场地狭小、行人较多和运输繁忙的地段应设专人指挥交通。

④路基用地范围内若有通信设施、电力设施、上下水道（管）等，均应协助有关部门事先拆迁或改造，对文物古迹应妥善保护。下挖工程开挖前，应根据设计文件复查地下构造物（电缆、管道等）的埋置位置及走向，并采取相应的安全防护措施。施工中如发现可疑物品时，应停止施工，报请有关部门处理。

⑤路基施工机械设备应有专人负责保养、维修和看管。各种机械操作手、

电工必须持证上岗，同时要经常加强对驾驶员、电工及路基作业人员的安全教育。

⑥路基施工现场必须做好交通安全管理工作。夜间施工，路口、边坡顶必须设置警示灯或反光标志，专人管理灯光照明。

⑦现场操作人员必须按规定佩戴个人安全防护用品，机械燃料库必须设消防防火设备。

⑧施工现场易燃品必须分开放置，要保持一定的安全距离。

（二）路基工程施工的安全要点

1.路基工程土方施工的安全要点

①开挖土方前，必须了解土质、地下水的情况，查清地下埋设的管道、电缆和有毒有害气体等危险物及文物古迹、古墓的位置、深度走向，加设标记，设置防护栏杆。现场技术负责人在开工前必须对作业工人进行详细安全交底。施工人员必须按安全技术交底要求进行作业。

②土方开挖深度超过 2m 时，特别是在街道、居民区、行车道附近开挖土方时，不论深度大小都应视为高处作业，并设置警告标志和高度不低于 1.2m 的双道防护栏，夜间还要设红色警示灯。

③挖土应从上而下逐层挖掘，土方开挖应遵循"开槽支撑，先撑后挖，分层挖掘，严禁掏（超）挖"的原则，在靠近建筑物，电杆、脚手架附近挖土时，必须采取安全防护措施。

④开挖沟槽坑时，应根据土质情况进行放坡或支撑防护。挖掘深度超过 1.5m，且不加支撑时，应按规定确定放坡度或加设可靠支撑。当土方坡度为 1∶1，石方坡度为 1∶0.5 时若施工区域狭窄不能放坡，应采取围壁措施。同时，围壁支撑的材料不能有朽、糟、断裂现象。

⑤在开挖的坑（沟、槽）边沿 1m 以内不许堆土或堆放物料；距沟槽坑边沿 1～3m 处堆土高度不得超过 1.5m；距沟糟坑边沿 3～5m 处堆土高度不得超过 2.5m，在沟槽坑边沿停置车辆、起重机械、振动机械时距离不少于 4m。

⑥当机械配合挖土、清底、平地修坡等作业时，作业人员不得在机械回转半径以内作业。

⑦人工挖掘土方时，作业人员之间必须保持足够的安全距离，横向间距不小于 2m，纵向间距不得超过 1.5m，土方开挖必须自上而下顺序放坡进行，严禁挖空底脚。对挖掘工具应随时检查，要保证挖掘工具的木柄结实、连接牢靠。

⑧高边坡开挖土方时，作业人员要戴安全帽，并安排专职人员对上边坡进

行监视，防止物体坠落和塌方。边坡开挖过程中若遇地下水涌出，应先排水，后开挖。

⑨开挖工作面应与装运作业面相互错开，严禁上、下双重作业，弃土下方和有滚石危及的区域，应设警告标志；下方有道路时，严禁车辆通行。边坡上方有人作业时，下方不许站人；清理路基边坡上的突石和整修边坡时，应从上而下进行，严禁在危石下方作业、休息和存放机具。

⑩滑坡地段的开挖，应从滑坡体两侧向中部自上而下进行，禁止全面拉槽开挖；在岩溶地区施工，应认真处理岩溶水的涌出，以免出现突发性的塌陷；在泥沼地段施工时，应制订防止人、机下陷的安全措施，挖出的废土应堆置在合适的地方，以防止汛期造成人为的泥石流危害。

⑪施工中如遇土质不稳、山体滑动，发生拥塌危险时，应暂停施工，并撤出人员和机具，当工作面出现下陷或不足以保证人员安全时，应立即停工，确保人员安全。

⑫机械车辆在危险地段作业时，必须设置明显的安全警告标志，并设专人指挥；运输土方的车辆在会车时，应轻车让重车，重车先行，前后两车间距必须大于 5m，下坡时，两车间距不得小于 10m，通过交叉路口、窄路、铁路道口及转弯时，应注意来往的行人和车辆，运土车上方严禁乘人。

⑬土方作业时要随时注意检查边坡变化，发现有裂纹或部分塌方，必须采取果断措施，将人员撤离，排除隐患，确保安全。

2.路基工程石方施工的安全要点

路基工程石方施工除了必须满足爆破安全的一般要求外，还应注意以下内容：

①石方开挖应根据岩石的类别、风化的程度以及开挖的深度确定开挖方法，并做好安全技术交底，确保安全环保和文明施工。

②石方一般采用爆破开挖，开挖时应结合边坡分级情况确定每层开挖深度，利用浅孔钻机钻孔、深孔预裂爆破等方式进行。施工时，坡顶的排水天沟应与石方开挖同步，并做好横坡和纵坡的控制。

③爆破工程施工必须严格按照《爆破安全规程》（GB 6722—2014）的要求进行作业，所有涉爆人员必须经过爆破专业培训并取得相关从业资格。

④人工打眼时，使锤人应站在掌钎人的侧面，禁止对面使锤；选择炮位时，炮眼口应避开正对的电线、路口和构造物，凿打炮眼时，应清除掉坡面上的浮岩危石。

⑤爆破器材库的选址和搭建应请当地公安部门进行指导和监督，运输爆破器材要用专用运输工具，中途不许停留，并应避开人员密集的地方。在保管、运输爆破器材过程中，工作人员严禁穿化纤服装。

⑥爆破器材应严格管理，并执行领用和退库制度，各种手续要有严格记录，并由专人领取，禁止由一人同时搬运炸药和雷管，电雷管严禁与带电物品一起携带运送；爆炸物品禁止乱丢乱放和私藏。

⑦爆破作业应由专人指挥，确定的危险边界应有明显标志，警戒区四周必须派出警戒人员，警戒区内的人员、牲畜必须撤离，预告、起爆、解除警戒等信号应有明确的规定。

⑧爆破装药前，所有与爆破无关的人员应立即撤离施工现场。

⑨装药时严格遵守爆破作业的安全操作规程和安全操作细则，轻放轻拿，不可有任何的碰撞，禁止使用铁类金属进行安装，防止突发爆破事件。

⑩导火索起爆应采用一次点火法点火，其长度应保证点完导火索后人员撤离至安全地点，但不得短于1.2m，不许在同次爆破中使用不同燃速的导火索。

⑪进行露天爆破作业时，一人连续点火不得超过10根，严禁使用明火点燃；多人同时点炮时，每个人的点炮数量应相同，严禁脚踏和挤压已点燃的导火索。爆破时，应点清爆破数与装炮数量是否相符，确认炮响完并过5min后，方准爆破人员进入作业区。

⑫电力起爆时，在同一爆破网路上必须使用同厂、同型号的电雷管；爆破网路主线应绝缘良好，并设中间开关，与其他电源线路应分开敷设；爆破网路的连接必须在全部炮孔装填完毕，无关人员全部撤至安全地点后再进行。

⑬在雷雨季节、潮湿场地等情况下，应采用非电起爆法；深度不超过10m的爆破用火花起爆，深度超过10m的爆破不得采用火花起爆，必须采用电力起爆。

⑭大型爆破必须按审批的爆破设计书，并征得当地县（市）以上公安部门同意后由专门成立的现场指挥机构组织人员实施；大型爆破的安全距离，除考虑个别飞散物的因素外，还必须考虑爆破引起的地震及冲击波对人员、建筑物的影响，经计算后再确定安全距离。

⑮石方地段爆破后，确认已经解除警戒，作业面上的悬岩危石也经处理后，清理石方人员方准进入现场；人工撬动岩石必须由上而下逐层撬（打）落，严禁人员上下双重作业，更不得将下面撬空后使上部自然掉落。撬棍的高度不超过人的肩部，不得将棍端紧抵腹部，也不许把撬棍放在肩上施力。

（三）路基施工防止水土污染和流失的措施

①施工前，应制订相应的预防水土污染和水土流失的措施，考虑土地资源的合理利用，缩短临时占地的使用时间。

②在崩塌滑坡危险区和泥石流易发区严禁取土、挖砂、采石。

③施工过程中，各种排水沟渠的水流不得直接排放到饮用水源、农田、鱼塘中。

④不得随意丢弃生产及生活垃圾，垃圾的掩埋或处理应按当地环保部门的要求进行。不得随意排放含油废水及生活污水。

⑤使用工业废渣填筑路基，当废渣中含有可溶性有害物质，可能造成土质、水污染时，应采取必要措施予以处理。

⑥在自然保护区、森林、草原、湿地及风景名胜区进行施工时，应遵守国家环境保护的相关规定。

（四）路基施工中噪声、空气污染的防治

①在居民聚居区或其他噪声敏感建筑物附近施工，当噪声超过规定时，应及时采取措施，减少施工活动对沿线居民的干扰。

②对施工作业人员，在噪声较大的现场作业时，应采取有效防护措施。

③路基施工过程中应采取措施控制扬尘、废气排放等。

④路基施工堆料场、拌和站、材料加工厂等宜设于主要风向的下风处的空旷地区。当无法满足时，应采取必要的环保措施。

⑤在运输粉状材料时应采取措施防止材料散落。

⑥粉煤灰、石灰等在露天堆存时，应采取防尘、防水措施。

⑦采用粉状材料作为路基填料或对路基填料进行现场改良施工时，应避免在大风天作业，施工人员应佩戴防尘口罩等劳动保护用品，并采取环境保护措施。

（五）路基施工做好生物保护和文物保护的措施

①施工前，应采取相应措施对位于路基范围内的珍稀植物进行保护。

②施工中严禁随意采摘、破坏野生植物资源及捕猎野生动物。

③在有国家级保护的野生动物出没路段，应按规定做好相关保护工作。

④砍伐林木必须符合相关法规的要求，不得随意砍伐。

⑤在草、木较密集的地区施工时，应遵守护林防火规定。

⑥在文物保护区周围进行施工时，应制订相应的保护措施，严防损毁文物古迹。

⑦施工中发现文物时，应暂停施工，保护好现场，并立即报告当地文物管理部门研究处理，不得隐瞒不报或私自处置。

二、路面工程安全作业

（一）路面工程施工安全管理的一般要求

①确定施工方案、及时准确发布路面施工信息。施工前，施工单位应确定施工区的范围以及安全管理的施工方案，对路面情况进行深入细致的分析，并在开工前及时发布施工信息，警告过往车辆要注意施工路段的交通情况，提醒车辆绕道而行，避免车辆拥堵。

②详细划分施工区域，设置好安全标志，严格按警告区、上游过渡区、缓冲区、作业区、下游过渡区、终止区来划分施工区域。

③施工现场所有施工人员应统一着橘黄色的反光安全服，施工时还应设专职的交通协管员和专职安全员，而且安全员分班实行 24h 施工路段安全巡查。

④施工车辆必须配置黄色闪光标志灯，停放在施工区内规定的地点。不得乱停乱放，要摆放整齐，特别在进出施工场地时，要绝对服从专职交通协管员的指挥，不得擅自进出。

⑤在施工区域两端应设置彩旗、安全警示灯、闪光方向标，给施工车辆和社会车辆以提示作用。

（二）沥青路面工程施工的安全要点

①从事沥青作业人员均应进行体检，凡患有皮肤病、结膜炎及对沥青有过敏反应者，不宜从事沥青作业；沥青加热及混合料拌制，宜在人口较少、场地空旷的地段进行；沥青作业人员皮肤外露部分应涂防护药膏；工作服及防护用品应集中存放，严禁穿戴回家和存入宿舍；施工现场应配有医务人员。

②块状沥青搬运宜在阴天或夜间进行。避免炎热季节搬运；搬运时，必须有相应防护，如帆布手套、工作服、坎肩等；液态沥青用液态沥青车运送，沥青车满载运行时，遇到下坡或弯道时要提前减速，避免紧急制动。沥青装载不满时，应始终保持中速行驶。

③人工搬运桶装沥青时，运输车应停在平坦地段，并拉上手闸，跳板应有足够的强度，坡度不宜过陡；放倒的沥青桶经跳板上下滚动装卸时，要在露出跳板两侧的铁桶上各套一根结实的绳索，收放绳索要缓慢，两端同步上下。

④沥青混合料摊铺作业时，摊铺机驾驶台及作业现场要视野开阔，消除障

碍物，作业时无关人员不得在驾驶台上停留，驾驶员不得擅离岗位。

⑤运料车向摊铺机送料时，应同步进行，动作协调，防止互相碰撞，驾驶摊铺机应平稳，弯道作业时，熨平装置的端头与路缘石的间距不得小于10cm，以免发生碰撞。

⑥自卸汽车与摊铺机联合作业，应紧密配合，以防碰撞；撒布碎石，速度要稳定，不应在撒布过程中换挡，换挡必须在摊铺机完全停止后进行，严禁强行换挡和在坡道上换挡或空挡滑行，熨平板预热时，应控制热量，防止因局部过热而变形。

⑦在沥青摊铺作业中应设置施工标志，用柴油清洗摊铺机时，不许接近明火。

⑧沥青混合料运输车辆状况应良好，使用前应检查车斗密封情况与后挡板牢靠状况，不许站在运输车后往下捅沥青混合料。

⑨沥青拌和楼的各种机电设备，包括使用微型计算机控制进料的控制室，在运转前均应由电工、机工、计算机操作人员进行仔细的检查，确认各部位正常完好后才能合闸运转。

⑩拌和站机组投入运转后，各岗位人员要随时监视各部位运转情况，运转过程中，如发现有异常情况时，应立即报告，并且及时排除故障，停机前应首先停止进料，等各部位卸料完后，方可停机，再次启动时，不得带荷启动。

⑪料仓卸料时，严禁人员从斗下通过，沥青拌和楼的各部位需经常检查、维修、并配备消防器材。

（三）水泥混凝土路面施工的安全要点

①使用小型翻斗车或手推车装混凝土时，车辆之间应保持一定的安全距离，混凝土运输车运送时要遵守交通规则，当传动系统出现故障、液压油输出中断导致滚筒停转时，要利用紧急排出系统快速排出混凝土拌和料，自卸汽车运送混凝土时，不得超载和超速行驶，车停稳后方可顶开车厢卸料，车厢尚未放下时，操作人员不得上车去消除残料。

②人工摊铺作业在装卸钢模板时，必须逐片轻抬轻放，不得随意抛掷，多人同时操作摊铺时，因工作面小，长把工具多，应相互关照、注意安全，使用电动振捣器时，作业人员应佩戴防护用品，配电盘（箱）的接线宜用电缆线，绝缘良好。

③采用轨模摊铺机进行混凝土摊铺作业时，布料机和振平机之间应保持5～8m的安全距离，作业中要认真检查布料机传动钢丝的松紧是否适度，不得将刮板置于运行方向垂直的位置，也不得借助整机的惯性冲击料堆。

④摊铺中严禁驾驶员擅离岗位，无关人员不得上下摊铺机，在弯道上作业时，要防止摊铺机脱轨。

⑤混凝土摊铺施工现场必须做好交通安全工作，交通繁忙的路口应设立安全警示标志牌，并要有专人指挥，夜间施工时，基准线桩附近应设置警示灯或反光标志。

⑥施工现场的电线、电缆应尽量放置在无车辆、行人通行的部位，施工机电设备应有专人负责保修，现场操作人员应按规定佩戴防护用品，在夜间或停工期间应有专人值班保卫，防止原材料、机械、机具及零部件丢失。

⑦使用混凝土抹平机作业时，应确保抹平机的叶片光洁平整，并处于同一水平，其连接螺栓应坚固不松动，电缆要有专人收放，确保不打结、不砸压、不破损。如有异常，应立即停机检查。

⑧切缝机锯缝时，刀片夹板的螺母应紧固，各连接部位和防护罩要确保完好正常，切缝前应先打开冷却水，冷却水中断时，应停止切缝；切缝中，刀片要缓缓切入，并注意切入深度指示器，当遇有较大切割阻力时，应立即升起刀片检查，停止切缝时，应先将刀片提离板面后方可停止运转。

⑨水泥混凝土路面施工，不管采用那种工艺方式，施工现场在不中断交通的情况下，应由专人负责指挥、维护交通，现场应设立明显警示牌，以确保交通安全。

⑩旧路面凿除宜有计划地分小段进行，以免妨碍交通，并设置相关安全标志牌；用锤开挖旧路面时，应并排前进，左右间距不小于 2m，不许面对面使锤，所用工具应拼接牢靠，严防铁锤脱飞伤人；采用风动工具凿除旧路面时，应确保各部管道接头紧固，不漏气，胶皮管不得缠绕打结；风镐操作人员应与空压机操作手紧密配合，及时送气或闭气，对风镐进行勤检查，确认合格方可使用。

⑪采用机械破碎旧路面时，应有专人统一指挥，操作范围内不应有人，铲刀切入深度不宜过深，推刀速度应缓慢，施工现场应设置醒目安全警示标志牌，切实注意交通安全。

第三节　公路施工伤亡事故处理

公路施工现场一般都是露天生产场，场内进行的是立体多工种交叉作业，场内拥有大量的临时设施和经常变化的工作面，除了"产品"固定外，人、机、物都是流动的，施工人员多、不安全因素多。因此，若不重视安全管理，极易引发伤亡事故。对发生的伤亡事故如何正确处理，是一个严肃的问题。

一、公路工程施工伤亡事故的处理程序

公路工程施工生产场所发生伤亡事故后，负伤人员或最早发现事故的人员，应立即报告工程项目的领导。项目安全管理人员根据事故的严重程度及现场情况，立即报告上级主管部门，及时填写伤亡事故表上报有关部门。特别是发生重大伤亡事故后，更应当以最快的速度将事故概况（包括伤亡人数和发生事故的时间、地点、原因等），分别报告企业主管部门、行业安全管理部门、当地劳动部门、公安部门等。公路施工伤亡事故的处理程序如下：

（一）迅速抢救伤员，保护好事故现场

施工伤亡事故发生后，现场人员一定要保持清醒的头脑，切不可惊慌失措，要立即组织起来，迅速抢救伤员和排除险情，制止事故进一步蔓延。为了满足事故调查分析的需要，在抢救伤员的同时，应采取措施保护好事故现场。如果因抢救伤员和排除险情必须移动现场的构件时，应准确做好标记。在有条件时，最好拍下照片或录像，为事故调查提供可靠的事故现场原始资料。

（二）组织事故调查组

施工企业在接到伤亡事故报告后，首先立即派人赶赴事故现场组织抢救，然后迅速组织调查组开展事故调查，应根据事故的程度确定事故调查组的组成人员。

①发生轻伤或重伤事故的，应由企业负责人组织生产、技术、安全、劳资、工会等有关人员，组成事故调查组，负责对事故的调查处理。

②发生一般人员死亡事故的，由企业主管部门会同事故现场所在地区的劳动部门、公安部门、人民检察院、工会，组成事故调查组，负责对事故的调查处理。

③发生重大伤亡事故的，应按企业的隶属关系，由省、自治区、直辖市企业主管部门或国务院有关部门牵头，由公安、检察、劳动、工会等部门，组成事故调查组，负责对事故的调查处理。组成事故调查组的成员，应当与发生的事故无直接利害关系，以使其在处理中做到公平、公正、无私。

（三）进行事故现场勘察

事故调查组成立后，应立即对事故现场进行勘察。事故现场勘察是一项技术性很强的工作，涉及广泛的科学技术知识和勘察实践经验，关系到事故定性的准确性、时效性和公正性。因此，事故现场勘察必须及时、全面、细致、准确，要能客观地反映原始面貌。事故现场勘察包括的主要内容如下：

1. 做好事故调查笔录

事故调查笔录是事故调查和处理极其重要的资料，也是对事故责任划分的最有力证据。调查组应当详细调查询问，认真做好事故调查笔录。事故调查笔录的内容主要包括：发生事故的时间、地点、气象情况等；事故现场勘察人员的姓名、单位、职务；事故现场勘察的起止时间、勘察过程；能量逸出所造成的破坏情况、状态程度；设施设备损坏或异常情况，事故发生前后的位置；事故发生前的劳动组合，现场人员的具体位置和当时的行动；重要物证的特点、位置及检验情况等。

2. 事故现场的实物拍照

事故现场的实物拍照是极其重要的佐证材料，应尽可能详细拍摄。实物拍照主要包括：反映事故现场在周围环境中所处位置的方位拍照；反映事故现场各部位之间联系的全面拍照；反映事故现场中心情况的中心拍照；揭示事故直接原因的痕迹物、致害物等拍照；反映伤亡者主要受伤和造成伤害部位的人体拍照；其他对事故调查有价值的相关拍照。

3. 事故现场绘图

在某种情况下，事故现场的实物拍照具有一定的局限性，不能全面反映事故现场的实际，认真绘制现场图，可以弥补拍照的这一缺陷。根据事故的类别和规模，以及调查工作的需要，主要应绘制出以下示意图：建筑物平面图、剖面图；事故发生时人员位置及疏散（活动）图；破坏物立体或展开图；事故涉及范围图；设备或工器具构造图。

（四）分析调查事故原因，确定事故性质

在事故调查和取证的基础上，事故调查组可以开始分析论证工作。事故调查分析的目的，是搞清事故的原因，分清事故的责任，以便从中吸取教训，采取相应的措施，防止类似事故的重复发生。事故分析的步骤和要求如下：

1. 查明事故经过

通过详细的调查，查明事故发生的经过。主要弄清产生事故的各种因素，如人、物、生产和技术管理、生产和社会环境、机械设备的状态等方面的问题，经过认真、客观、全面、细致、准确地分析，确定事故的性质和责任。

2. 分析事故原因

在进行事故原因分析时，首先整理和仔细阅读调查材料，按照国家的有关

规定和标准，对受伤部位、受伤性质、起因物、致害物、伤害方法、不安全行为和不安全状态七项内容进行分析。

3. 查清事故责任者

在分析事故原因时，应根据调查分析所确认的事实，从发生事故的直接原因入手，逐渐深入间接原因。通过对事故原因的分析，确定事故的直接责任者和领导责任者，根据在事故发生中的作用，找出事故的主要责任者。

4. 确定事故的性质

在事故发生后确定事故的性质，这是事故处理的关键，对此必须科学、慎重、准确、公正。施工现场发生伤亡事故的性质，通常可分为责任事故、非责任事故和破坏性事故三类。事故性质确定后，就可以采取不同的处理方法和手段加以结案。

5. 制订防止类似事故发生的措施

通过对事故的调查、分析、处理，根据事故发生的各类原因，从中找出防止类似事故发生的具体措施，并责令企业定人、定时间、定标准完成措施的全部内容。

（五）写出事故调查报告

事故调查组在完成上述几项工作后，应当立即把事故发生的经过、各种原因、责任分析、处理意见，以及本次事故的教训、估算损失和实际损失、对发生事故单位提出的改进安全生产工作的意见和建议，以书面形式写成文字报告，经事故调查组全体同志会签后报有关部门审批。事故调查报告要内容全面、语言准确、符合要求、及时上报。如果调查组人员意见不统一，应进一步弄清事实，深入进行论证，对照政策和法规反复研究，尽量统一认识，但不可强求一致。对于不同意见，在事故调查报告中应写明情况，以便上级在必要时进行重点复查。

（六）事故的审理和结案

事故的审理和结案，是事故调查处理的最后一个环节，也是至关重要的安全管理工作。事故的审理和结案，同企业的隶属关系一致。一般情况下，县办企业及县以下企业，由县有关部门审批；地（市）办企业，由地（市）有关部门审批；省、直辖市企业发生的重大事故，由直属主管部门提出处理意见，征得劳动部门意见后，报主管委、办、厅批复。

国家建设部对事故的审理和结案有以下几点要求：

①事故调查处理结论报出以后，须经当地有关有审批权限的机关审批后方能结案，并要求伤亡事故处理工作应在 90 天内结案，特殊情况也不得超过180 天。

②对事故责任者的处理，应根据事故的情节轻重、各种损失大小、责任轻重加以区别，予以严肃处理。

③清理调查资料，并专案存档。事故调查资料和处理资料，是用鲜血和沉痛教训换来的，是对企业职工进行安全教育的活教材，也是伤亡人员和受到处理人员的历史资料，因此，对事故调查和处理的资料，应当完整保存归档。

二、公路工程施工伤亡事故的处理

对施工伤亡事故的处理，是一项严肃、政策性很强、要求很高的工作，它关系到严格执法、主持公道、稳定队伍、接受教训的大问题，各级领导必须认真对待。

（一）确定事故的性质与责任

在施工现场发生伤亡事故以后，项目领导以及上级赶赴事故现场的有关人员，应慎重地对事故现场进行初步调查，以便确定事故的性质。一旦认定为工伤事故，事故单位就应根据国家和所在地区的有关规定进行调查处理，在已查清工伤事故原因的基础上，分析每条原因应当由谁负责。事故责任按常规一般可分为直接责任、主要责任、重要责任、领导责任，应根据责任的具体内容落实到人。

①直接责任者是指在事故发生的过程中有必须因果关系的人。例如，安装电气线路时，电工把零线与火线接错，造成他人触电身亡，则电工就是直接责任者。

②主要责任者是指在事故发生过程中属于主要地位和起主要作用的人。例如，某工地一工人违章从外脚手架爬下时，立体封闭的安全网绳脱扣，使该工人摔下致伤，绑扎此处安全网的架子工便自然成为事故的主要责任人。

③重要责任者是指在事故发生过程中负一定责任，起一定作用，但不起主要作用的人。例如，某企业在职工中实施了签订互保协议，一个工人违章乘坐提升物料的吊篮下楼，卷扬机司机不观察情况而盲目启动下降，同班组与乘坐者签订互保协议的工人也不制止，如果出现吊篮突然坠落，造成乘坐者受伤，乘坐者是事故的直接责任者，卷扬机司机是主要责任者，协议互保人就是重要责任者。

④领导责任者是指忽视安全生产，管理混乱，规章制度不健全，违章指挥，冒险蛮干，对工人不认真进行安全教育，不积极消除事故隐患，或者事故发生后仍不采取有力措施，致使同类事故重复发生的单位负责人。例如，某工地领导只重视施工速度，不考虑施工条件和工人身体状况，强行命令工人加班加点，如果出现工伤事故，工地的主要领导和负责安全生产的领导，均为领导责任者。

（二）严肃处理事故责任者

对造成事故的责任者，要加强教育、严肃处理，使其真正认识到：凡违反规章制度，不服从管理或强令工人违章作业，因此而发生重大事故者，都是一种犯法行为，触犯了《中华人民共和国劳动法》《中华人民共和国刑法》，严重的要受到法律的制裁，情节较轻的也要受到党纪和行政处罚。

有下列情况者，应给予必要的处分：

①事先已发现明显的事故征兆，但不及时采取有力措施去消除隐患，以致发生工伤事故，造成人员伤亡和财产损失者。

②不执行规章制度，对各级安全检查人员提出的整改意见，不认真执行或拒不服从，仍带头或指使违章作业，造成事故者。

③已发生类似事故，仍不接受教训，不采取、不执行预防措施，致使此类事故又重复发生者。

④经常违反劳动纪律和操作规程，经教育仍不改正，以致引起事故，造成自己或他人受到伤害或财产受到损失者。

⑤不经有关人员批准，任意拆除安全设备和安全装置者。

⑥对工作不负责任或失职而造成事故者。

（三）稳定队伍情绪，妥善处理善后工作

工程实践证明，施工现场一旦发生伤亡事故，将严重影响正常的生产、工作和生活秩序，尤其表现为领导精神紧张、职工思想波动、队伍情绪低落。工程质量、施工进度、企业经济和社会效益，都受到不良影响。如果处理不好，还会影响企业内部和社会的安定团结，给企业和政府带来很大压力。因此，稳定队伍情绪，妥善处理善后工作，是事关大局的事情，必须下大力气确实解决好。

①事故发生后，企业领导和工地负责人要应当率先垂范，应立即赶赴事故现场，积极组织力量抢救伤员，并发出停工令，让大部分职工撤离事故现场，防止事故扩大而增加损失和难度。

②项目经理或主管领导要冷静沉着、果断指挥，立即召开有关人员会议，

成立事故调查处理小组和行政生产管理小组，以便有秩序地开展工作。

③待事故调查组基本搞清事故发生的经过、原因和责任后，事故单位应在事故调查组的参与下，组织召开事故分析会议，从事故事实中找出教训和责任者，提出改进安全管理工作的措施，以此提高干部职工安全生产的意识。

④工伤事故发生后，应尽快通知伤亡人员的家属，切实搞好接待和安抚工作，如实地向其家属介绍事故的情况，以取得他们的谅解和协助。

⑤根据国家和地区有关处理伤亡事故的规定，做好医疗和抚恤工作。这是一件最难解决的问题，企业领导要引起足够的重视，要根据国家的有关政策，做好耐心细致的思想工作。

⑥在征得有关部门同意复工后，企业领导一方面要组织干部、专业人员和职工对施工现场进行全面的安全检查，及时处理发现的问题和隐患；另一方面要组织全体施工人员，认真学习安全生产技术知识、规章制度、标准和操作规程，特别是为避免同类事故发生应宣布本工地所采取的措施，使全体职工受到深刻的教育，把安全管理工作提高到一个新的水平。

参考文献

[1] 陈茂明. 建筑企业材料管理［M］. 大连：大连理工大学出版社，2010.

[2] 郭小宏，曹源文，李红镝. 公路工程机械化施工与管理［M］. 北京：人民交通出版社，2009.

[3] 邓焕彬，朱建斌. 高速公路项目建设管理实务［M］. 北京：人民交通出版社，2009.

[4] 吴国进. 公路养护机械设备与管理［M］. 北京：人民交通出版社，2003.

[5] 李继业，范世香. 公路工程项目管理［M］. 北京：化学工业出版社，2010.

[6] 全国二级建造师执业资格考试辅导教材编写组. 公路工程管理与实务［M］. 北京：中国建筑工业出版社，2010.

[7] 武小兵. 公路施工组织及概预算［M］. 北京：人民交通出版社，2008.

[8] 蔡红新. 建筑施工组织与进度控制［M］. 北京：北京理工大学出版社，2009.

[9] 小型建设工程施工项目负责人岗位培训教材编写委员会. 建设工程施工管理［M］. 北京：中国建材工业出版社，2014.

[10] 安关峰. 绿色道路施工技术指南［M］. 北京：中国建筑工业出版社，2015.

[11] 蒋红，田万涛. 道路与桥梁工程施工［M］. 北京：中国水利水电出版社，2010.

[12] 盛可鉴，崔旭光. 公路与桥梁施工技术［M］. 北京：人民交通出版社，2007.

[13] 周绪利. 公路工程施工质量检查与验收手册［M］. 北京：人民交通出版社，2005.

[14] 李继业，刘经强，张来旺. 道路工程施工实用技术手册［M］. 北京：化学工业出版社，2014.

[15] 拾方治，马卫民. 沥青路面再生技术手册［M］. 北京：人民交通出版社，2006.

[16] 徐秀维. 道路工程施工技术［M］. 北京：化学工业出版社，2015.